税金恐怖政治《タックス・テロリズム》が資産家層を追い詰める

副島隆彦
Soejima Takahiko

幻冬舎

税金恐怖政治《タックス・テロリズム》が資産家層を追い詰める

まえがき

税金恐怖政治《タックス・テロリズム》の始まりである。

国税庁はついに、「（いわゆる）富裕層《ふゆうそう》への課税強化宣言」（国税庁HPにあり）を昨年11月初めに行った。後述する。

併《あわ》せて、中小企業のオーナー経営者で、給与（だけ）を受け取っている者たちへの税務調査をわざと行うようになった。そしておみやげ（修正申告）を徴収しないでニヤリと笑って税務調査を終わらせる。「国《くに》は、あなたの相続税時《じ》の資産をしっかり把握《はあく》した。もう逃げられないよ」という脅《おど》しの調査である。「（いわゆる）富裕層」に対する〝萎縮効果〟を狙ったものだ。

もうどうにもならない。

ついに、こういうところにまで日本の資産家、小金持ちたちは追い詰められた。何が何でも「ひとり（最低）1億円ずつは相続税で取ってやる」という構えだ。これは税金《タックス》テロリズムの始まりだ。課税強化と増税は悪であり、悪政なのだ、という自覚を税金（取り）

毎週のように、税務署の金持ち脅し記事が出ている

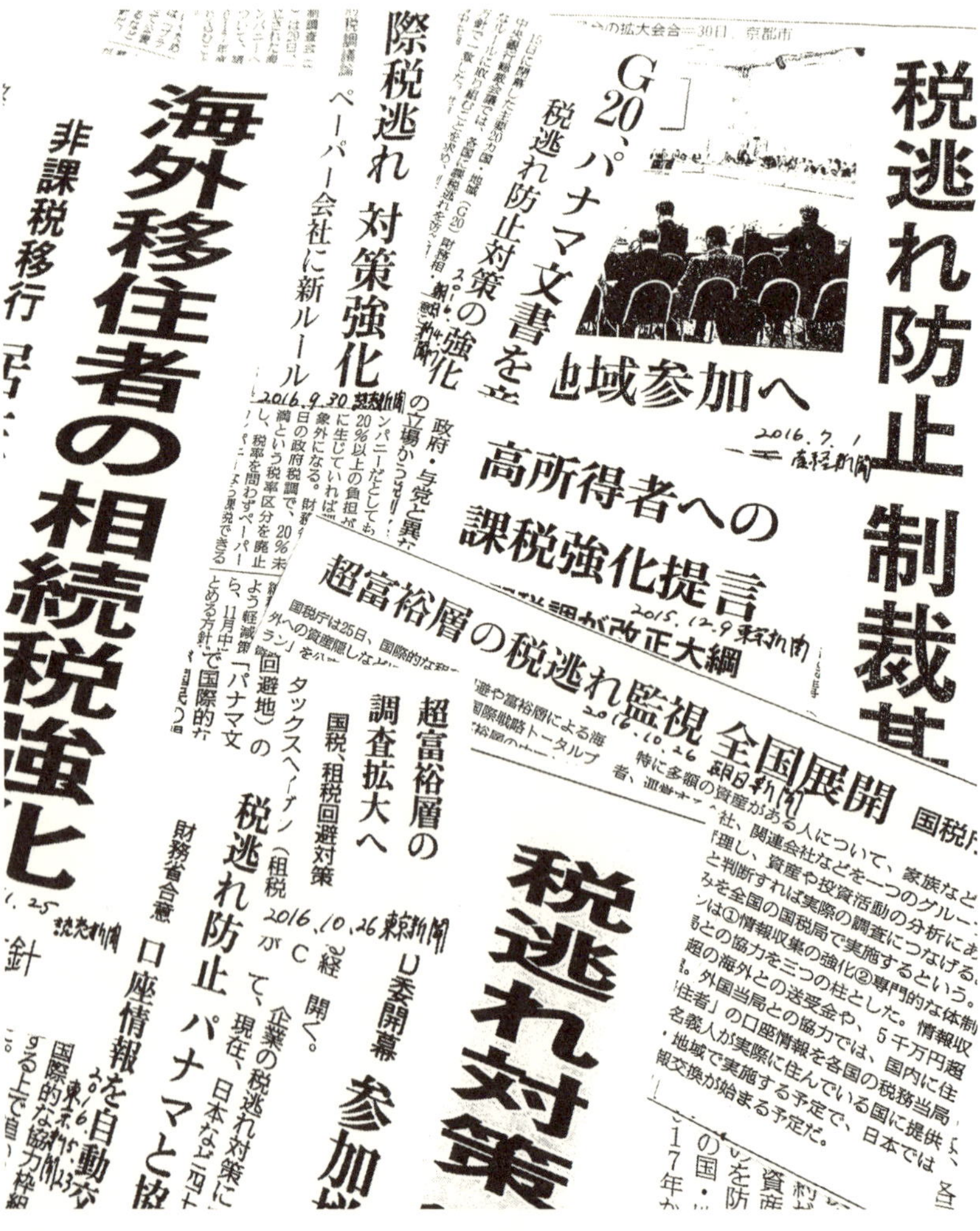

官僚たちが無くしつつある。自分たちが悪人なのだ、という自意識を喪失しつつある。愚劣なことに、「税金徴収は正義《ジャスティス》である」と巨大な勘違いをしている。

私は、前作『税金官僚から 逃がせ隠せ個人資産』（2013年10月 幻冬舎刊）で、日本の小金持ちや小資産家たちを守る努力をしてきた。それでも金融庁と国税庁がここまで激しい攻撃を仕掛けてくると、もう手の打ちようがない。それぐらいまで激しい動きになっている。皆さんも気づいているだろう。日経新聞のど真ん中に、「富裕層への課税の強化」という言葉が、去年から毎週のように出るようになった。金融庁と国税庁がヒステリー状態で、日本の小資産家、小金持ち層を痛めつけようとしている。

痛めつけるとは、たった一言、「税金を徴収する」ということだ。とくに外国（避難）財産課税がものすごい勢いで強化された。法律をどんどん新たに作っている。「立法者《ラー・メイカーズ》（国会議員たち。国民の代表）」をそっちのけで、バカ扱いして勝手にどんどん法案を通してしまう。

タックス・テロリストは、アメリカやヨーロッパで使われている言葉である。

副島隆彦

税金恐怖政治《タックス・テロリズム》が資産家層を追い詰める

目次

装丁　上田晃郷
カバー写真　Corbis／アフロ
本文デザイン・図版・ＤＴＰ　美創

I

ヒステリー状態の税金官僚たち

いま狙われているのは小金持ち層

このあと載せるけれども、極《きわ》めつきは、「外国に富裕層の資産を逃がすお手伝いをした税理士たち」に、その手口を国税庁に教えろ、という記事まである。その手口を教えない悪質な税理士に対しては、処罰するという。刑罰まで科すというのである。

●「租税回避策、税理士に開示義務　拒めば罰則も　財務省と国税庁検討」

財務省と国税庁は、企業や富裕層に租税回避《かいひ》策を指南する税理士に仕組みの開示を義務付ける方針だ。租税回避地（タックスヘイブン）に資産を移すなど悪質な税逃れを把握する狙い。成功報酬を受け取るなどした税理士に具体策を開示させ、拒んだ場合の罰則も設ける。適正な助言も開示対象に含む。米国など各国も開示制度を設けており、税制の不公平感の解消につなげる。

租税回避のノウハウを提供する会計事務所やコンサルティング会社なども対象。複数の基準を満たした場合に、（それら会計事務所やコンサルティング会社に）租税回避策を開示させる仕組みを検討する。（以下略）

（日本経済新聞　２０１６年8月23日、傍点引用者）

恐怖政治（テロリズム）の政治家、ロベスピエール（1758〜1794）は、徴税請負人《タックス・コレクター》も処刑した。民衆に憎まれたからだ。

ルイ16世がギロチンにかけられる様子。ロベスピエール自身もギロチンにかけられた。

出所：https://commons.wikimedia.org/wiki/Maximilien_de_Robespierre

フランス革命期の第三身分の平民（聖職者、貴族に次ぐ地位。下層労働者とは違う）であり、革命家。ジャコバン党の党首。国王ルイ16世をギロチンにかけたあと、サン・キュロット（下層労働者、貧困層）の強い支持を得て独裁権を認められ権力者になって粛清を行った。歴史学ではテロリズムを恐怖政治と訳す。

この記事に「税制の不公平感《かん》」と書いてあるが、日本国民は、誰も「金持ちにもっと課税せよ」などと思っていない。国民の多くは、サラリーマン層でも、「この（毎月天引《てんび》きされる）税金の重《おも》さを何とかしろ」と思っている。もうすぐ税金官僚たちへの国民の怒りが爆発するだろう。

この異常な国家（政府）による、資産家層（小金持ち）に対する恐ろしい課税の問題は、先進国（米、欧、日）では共通の問題である。私が唱え始めた税金官僚《ぜいきんかんりょう》即ち国税庁（税務署）と金融庁が、なぜここまで激しく、自分たち自身がヒステリー状態に陥りながら、小《こ》金持ち層までもいじめようとするのか。

現実は現実だから、私は小《しょう》資産家、小金持ち層を守り、彼らに自分で自分を守るための理論武装を与えるために、公然と書く。課税強化そのものが悪《あく》なのであり、税金官僚たちは〝地獄の鬼〟どもであり極《ごく》悪人どもなのだ、と。

いま大事なことは、それでもなお、「逃がせ、隠せ」であるということだ。かつ、「注意せよ」「騙《だま》されるな」。それから、「警戒せよ」「用心せよ」「変な人間が近寄って来たら一切、信用するな」という大きな標語を掲げる。

私の本の読者は、資産5億円以下の人たちで、あっても資産10億円までだ。資産家にも

税金トラブルで、IRS（米国税庁）の建物に小型機で突っ込んだ事件があった

（米テキサス州オースティン　2010年2月18日）

写真：ロイター／アフロ

アメリカ国民のIRSに対する憎しみは深い。小型機で、IRSが入居する7階建てビルの2階に突っ込んだ。動画もある→（http://www.wsj.com/video/plane-crashes-into-austin-building/11E3EA43-2133-403F-A850-9232CAC783CF.html?KEYWORDS=plane+crash）。

小型機を操縦していたジョゼフ・スタック氏（当時53）は死んだ。経営する会社の税金の不払いで、IRSと長期間もめていた。ウェブサイトに遺書もあった。「（私の事件を受けて）政府はさらに規制を強化するだろう。それでも人々が目覚めて、政治屋どもとその取り巻きの正体に目を向け始める」とあった（AFP BB news）。IRS職員も1人死亡、13人が負傷した。

いろいろいるが、10億円以上、30億、50億、100億、1千億の資金を持っている人たちは、とっくに外国に自分（と一族）の金融資産を逃がしている。その息子、娘たちが、何十度も外国に渡航して少しずつ（2千万円ぐらいずつ）自分の体につけて持ち出した。早い人は今から20年前に、まあまあの人たちでも10年前に逃がしている。まだその頃は、1回当たり1億円単位で、「銀行の海外送金」で送っても、全く注意されなかった。その送金記録も残っていない。8年前以上の海外送金の記録の保存義務は銀行にもない。

こういう人たちは、大企業の創業者一族が基本だ。大企業は外国にいくつも工場を持っている。人間がビジネスで往き来するから、ついでに一族の資産を逃がすことも非常に得意だ。そのための情報と人脈を持っている。知識（ノウハウ）を持っている。国際（外国）会計の知恵のある会計士や税理士たちを抱えている。だから、大企業創業者一族のような、500億円、1千億円の個人資産、一族資産を持っている人たちは、私の本の読者にはなりません。なる必要がない。

国内で身動きがとれない資産5億円以下の人たち

私は、4年前に出した『税金官僚から 逃がせ隠せ個人資産』（2013年10月 幻冬舎

資産5億円の小金持ち、富裕層向けに私が書いた前作

2013年10月刊行。小金持ちたちへの締め付けが厳しくなっていく様子と、背景が書いてある。今からでも買って勉強してください。

刊）を書いたあと、別の本の対談で、元外務官僚の佐藤優《まさる》氏に、「副島さんが、あの本で、5億円で線を引いたのは、さすがですね」と褒《ほ》められた。彼は自分のメールマガジンでも、このことを書いて宣伝してくれた。

個人の資産5億円とは、どういうことか。まず都会に自分の50坪ぐらいの家を持っている。これがだいたい1億円だ。それから、アパートを1軒、これもピンキリだが、駅近《ちか》で、鉄筋コンクリートでそれなりに立派な4階建てで20部屋くらいあり、家賃が1室10万円で毎月200万円入るから、これが3億円はする。あとは、金《きん》や株、社債など、親やおじいさんから譲り受けた金融資産（預貯金）が1億円ぐらいある。これで合計5億円だ。

この人たちは、もう外国に資産（資金）を逃がすことはできません。たった50万円の銀行からの海外送金でも足がつく。アラーム（警報器）が鳴るようになっていて、自分の住んでいる地区の税務署（これを管轄《かんかつ》と言う）に通報が行く。本人たちもこのことをわかっている。

もう齢《とし》も齢だし、外国におカネを逃がすなんて考えても仕方がない。外国になんか行きたくもない、という人がたくさんいる。それでいいんです。だから、日本国内で今後も、注意深く自分の財産を守らなければならない。

日本の小《しょう》資産家たちを守るために、国税庁や金融庁を敵に回して、私は戦い続けるしかない。この国の言論人で私だけは本当のことを書く。このことを今や分かってくれる人たちは全国にたくさんいる。皆さんが私のお客さまだ。

税理士や会計士で、相当に手練手管《てれんてくだ》の、税金知識のプロたちは、金融庁や税務署の「税理士監理室《かんり》」に呼びつけられて、締めあげられるのが死ぬほど怖い。「あんた、そんなに反抗してバッジを外したいか。さらには収監だよ」と脅す。だから、税理士、会計士は客のために闘えない。恐くて仕方がない。だが私は怖いものはない。私も以前、税務調査をくらって2500万円とられた。このことも本に書いた（『私は税務署と闘う　恐ろしい日本の未来』2005年7月、ビジネス社刊）。あれもこれも、あとで書くが、私は2015年12月末に、家に泥棒にも入られて、金庫ごと一千数百万を盗られた。第8章で書く。

私は一切の嘘をつかないで、言論人として、小資産家《しょう》、小金持《こ》ちたちを守るために、本気で本を書いてきた。その続編である。

税金テロリズムとは

この本の書名である「税金《タックス》テロリズム」という言葉は欧米世界に有る。tax terrorismと英文で検索するとたくさん出てくる。だから私が勝手に作った造語《ぞうご》ではない。

2013年には、保守派ティー・パーティー（反《はん》税金運動）を狙い撃ちにしたIRSの過剰な税務審査が問題となった。

写真：AP／アフロ

「IRSは権力を持ちすぎた」というカードを持つ人々。オバマ前大統領は「許せない行為」と言って、IRSの責任者を辞めさせた。IRSの納税者いじめ、権力乱用は20年も前から問題になってきた。

昨今、世界中で流行《はやり》のテロリスト、テロリズムという言葉の始まりはフランスである。terror（テラー、テロル、恐怖）という言葉から作られた。1572年のサン・バルテルミの大虐殺が始まりだ。フランス国王アンリ2世とカトリーヌ・ド・メディシスの娘の結婚式の夜に、旧教徒（体制派）が、パリの全市でプロテスタント（ユグノー派）の家を襲撃して2万人の大虐殺を行った。それからフランス大革命の時、1792年〜1793年の一年間に起きた。ジャコバン党のロベスピエールたちによる貴族・国王2千人の処刑があった。徴税請負人《ちょうぜいうけおいにん》であることが発覚した（バレた）、有名科学者のアントワーヌ・ラヴォアジエ（Antoine-Laurent de Lavoisier 1743〜1794）も処刑された。税金取り《タックス・マン》は憎まれていたのだ。

最近は新興大国のひとつインドでもよく使われている。きっとインドでも税金徴収がヒドいのだろう。アメリカ合衆国では、この「税金徴収《タックス・テロリスト》」という言葉は、1980年代のレーガン政権が始まったときに使われた。

レーガン大統領は、今のドナルド・トランプと同じぐらいアメリカの保守派（共和党）の人々に愛され、尊敬された大統領だった。「レーガンよ。あのヒドい税金取り（IRS《アイアールエス》、米国税庁）たちを何とかしてくれー」と叫び声を上げた。トランプはレーガンの再来であり、人々に強く待望される大統領だ。**レーガンは、金持ちいじめのあまりにもヒドい徴税**

行為をやめさせようとした。

当時、アメリカのＩＲＳ《アイアールエス》（内国歳入庁《ないこくさいにゅうちょう》。米国税庁）が、税務調査を受けた資産家の家の玄関のドアを蹴《け》破《やぶ》って侵入して、反抗したという理由で射殺する、という事件までがいくつも起きた。本当だ。「ＩＲＳのやり方はあまりにヒドい」と強い抗議と反感がアメリカ国民の中から沸き起こった。この時に、「ＩＲＳ（米国税庁）の職員《エイジエント》は、タックス・テロリストだ」という非難の言葉が生まれた。レーガン大統領は、ＩＲＳを強く叱《しか》った。「米国民をこんなヒドいやり方で税の徴収と称して痛めつけることは許されないことだ」として組織を再編成した。

しかしそれでも、その後も、税務署員たちによる、強権発動の、強制力を振り回す、まるで暴力団のような税金徴収はずっとアメリカで続いている。アメリカ国民は今も徴税吏《タックスマン》たちに怒っている。〝金持ちの味方〟であるトランプ新大統領は、レーガンに倣《なら》って、再び米国税庁のやり方を強く押えつけるだろう。官僚たちを処罰し締《し》め上げる。

徴税は悪政である

「徴税《ちょうぜい》テロ」と縮めて書くと、日本の国税庁は、日本語しかできないお奉行さまたちだか

IRS(米国税庁)が押しかけてきた様子を撮影した映像が、YouTubeにある

IRS Violating Rights

IRS Violating Rights

出所：https://www.youtube.com/watch?v=_h7Ti9VhCI0

“IRS Violating Rights”「税務署は我々の人権と財産権を侵害している」とタイトルにある。アメリカのIRS職員（税務署員）はこんな格好をして襲撃するのだ。金持ちも銃を持っているから、こんな防弾チョッキを着ている。

ら、「何、俺たちがテロリストだと」と怒るだろう。だが彼らはこの世界基準での真実を知っている。財務省や国税庁の税金官僚たちから、どれだけ不興と怒りを買っても私は構《かま》わない。

徴税《ちょうぜい》というのは、どこからどう考えても国家が行う悪《あく》である。この悪《あく》をこの世（人間世界）の不可避の悪だと諦観《ていかん》して、おのれの生涯の哀《あわ》れで卑《いや》しい業《ぎょう》にしてしまった人々が税金官僚《タックス・ビューロクラート》たちである。

税金をなるべく取らないことが、善政《ぜんせい》である。立派な政治である。理由が何であれ「課税強化」「富裕層への税逃れ対策」と言いだすことは、それ自体が悪《あく》である。邪悪《じゃあく》である。税金官僚たちは頭がマヒしているから、自分たちが悪政《あくせい》の手先なのだ、ということに自覚がない。だから、「このことを自覚せよ」と、私のような人間が書くのである。

トランプ新大統領は、金持ちイジメの税務署、国税庁のヒドい税務調査をやめさせる。官僚たちを抑《おさ》えつけて威張らせない

写真：UPI=共同

トランプがなぜ、大方《おおかた》の予想を裏切って、当選したか? それは資産家、経営者たちが、「トランプよー。お願いだ。税務署員たち（ＩＲＳ《アイアールエス》、アメリカの国税庁）が、私たちを辱《はずかし》めて痛めつける税金取り立てをやめさせてくれー」と強く願ったからだ。税務署員たちがタックス・テロリストなのだ。

2

税金官僚たちの動きを知る

「パナマ文書」から発覚したセコム創業者・飯田亮氏の対応

日本の大企業の創業者一族は、一族の資産を自社株《じしゃかぶ》の形で持っている場合が多い。自社の株式の保有割合がとにかく大きい。当たり前のことだが。一株の額面50円（40年前までそうだった）で始まったものが、3千円とかになっている。株はこの50年間で100倍とか、200倍とかになっている。

2016年4月4日に、ニューズとなって世界を騒がせた「パナマ文書」の中に、日本で一番大きい警備保障会社である「セコム」の創業者・飯田亮《まこと》氏の名前があった。パナマ文書を分析した、という国際調査報道ジャーナリスト連合（ICIJ《アイシーアイジエイ》。世界的な大新聞社の横並び団体。日本では朝日新聞が加盟している）が、20万個以上にのぼる法人名と個人名を、5月10日に公表した。世界の資産家たちのお金の動かし方、逃がし方の様子がばれてしまった。日本に関連している法人・個人の名前は700人ほどが出た。さらに500人が出てきた。

クリントン財団《フアウンデイシヨン》（ビルとヒラリーの）も出てきた。

パナマ文書が突如流出した理由については、あとで書く。この公表されたデータの中に、飯田亮氏のような日本の本当の富裕層、大資産家である大企業（に一代で成り上がった）

税金でヒドい目にあった有能な経営者たち

神内良一氏（プロミス創業者）と著者（左）。2013.11.22 北海道で撮影

飯田亮氏
（セコム取締役最高顧問）

福武總一郎氏
（ベネッセホールディングス名誉顧問）

安田隆夫氏
（ドン・キホーテ創業会長兼最高顧問）

写真（下段3点）：共同通信社

創業者たちの情報があった。週刊文春やFACTA《ファクタ》にも載った。FACTA誌から一部を引用して、ここに載せる。

●「セコム飯田亮「逃税」の手口　パナマ文書に名前が載った大創業者の願いは、できるだけ税金を払わずに、株を一族に引き継ぐことだった」

「飯田は自らの死後に、家族が相続可能なセコム株の中から650万株を分離し、その株の議決権は自分自身か家族、または自らが指名する者にセコムの安定株主として残したいと願っている」。

大手警備会社「セコム」創業者で代表取締役会長（当時）の飯田亮《まこと》氏（83、現取締役最高顧問）が、1992年9月、スイスの世界的な金融機関「クレディ・スイス（CS）グループ」と交わした覚書《おぼえがき》（メモランダム）には、タックスヘイブン（租税回避地）を使った租税回避スキーム構築の目的がこのように記されている。

パナマの法律事務所モサック・フォンセカから流出したのが2・6テラバイトもの「パナマ文書」である。世界中の富裕層が欧米のプライベートバンク（PB）などと結託し、タックスヘイブンを利用して課税を巧みに逃れている実態の一端が白日の下に晒された。

政治家や芸能人などの著名人の名前が（この中に）存在しなかった日本人の中で、例外だったのが飯田氏と、その盟友の戸田寿一《じゅいち》氏（元取締役最高顧問、2014年1月に81歳で死去）のケースだ。パナマ文書には、セコム株保有に関するタックスヘイブンの各法人の役割を説明した書類や法人の定款、株主名簿などが存在していた。本誌（FACTA）が入手した飯田氏とCS（クレディ・スイス）グループとの間の覚書からは、「自らが創業・育成したセコムという東証一部上場会社の経営権を手放したくない。税金はできる限り払いたくない」という同氏の執念が感じられる。

（2016年7月号「FACTA」誌　傍点、引用者）

この最後の一行の、「税金はできる限り払いたくない」の飯田亮氏の「執念《しゅうねん》」は、当たり前である。一代で自分で努力して大きな財産を築いた人々の、真剣な願いを、あざ笑ったり、税金官僚の味方をして、「大金持ちたちから、もっと取れ、もっと取れ」と言う者たちがいたら、そっちの方が悪人で、かつ社会的弱者、ひがみ根性の人間たちである。

このパナマの法律事務所を通して、資産家たちはここからブリティッシュ・ヴァージン・アイランド（British Virgin Island、BVI《ビーヴィアイ》）即ち「英領ヴァージン諸島」という小さな（ちっぽけな、人口3・2万人の）カリブ海の島国、しかしそれでも曲がりなりにも

パナマ文書は南ドイツ新聞が火付け役。怪しい新聞社だ。ジョージ・ソロスが背後にいる。

英キャメロン前首相 写真：共同通信社　露プーチン大統領 写真：ゲッティ＝共同　中国・習近平国家主席 写真：新華社＝共同　サウジアラビア・サルマン国王 写真：ゲッティ＝共同　シリア・アサド大統領 写真：ロイター＝共同

「匿名の情報提供者が、南ドイツ新聞に接触した」と報じられた。ICIJ（国際調査報道ジャーナリスト連合）にも、同じデータが提供された。G・ソロスという男は先の米大統領選で、ヒラリー・クリントンを絶対に勝たせるために、不正選挙《リグッド・エレクション》のための違法集票《ヴォウター・フロード》マシーンの製造とリースまで行った極悪人である。

独立国、主権国家《しゅけんこっか》（ソブリーン・ステイト sovereign state）に資産を逃がしていた。

飯田亮氏は、個人の分でまず350億円を逃がしたようだ。他の個人資産も別経路でオランダとか、アメリカ合衆国デラウェア州（ここも合法の米国内の税金避難地）とかに逃がしている。

個人の分以外に、親族の分の複数の法人もBVIに作られた。そこでセコム株が管理されていた。明らかに飯田氏本人が死んだときの相続税対策だ。法律上、問題はない。このやり方は合法《ごうほう》である。全く非難されない。国税庁と、金持ちへのひがみ根性人間たちから以外は。

350億だったら、日本国内に置いていたら、その半分の180億円ぐらいを税金で持って行かれる。大資産家たちはそれが嫌で仕方がない。それをBVIという一応国家に置いておいたら、法人税、所得税は0％だ。この飯田亮氏の、83歳の心情を私たちは理解できる。同情すべきである。

しかし日本国内では、「脱税者」という形で、先の記事のように非難される立場になる。ここが、おかしな問題である。誰も公然と彼の味方をする者がいない。だから、私は彼の味方をする。

飯田亮氏だけでなく、パナマ文書には、UCC（上島《うえしま》コーヒー）ホールディングス社長の上島豪太氏や、楽天社長の三木谷浩史《みきたにひろし》氏、光《ひかり》通信会長の重田康光《しげたやすみつ》氏などの名前もあがった。いずれも、一代で這《は》い上がって大企業を築いた才能のある人々である。彼ら経営者を税金のことでイジメたら、日本国の成長がなくなる。税金官僚どもの方こそ反省すべきである。

そして、その後、このパナマ文書問題は、パタリと騒がれなくなった。森喜朗《もりよしろう》元首相が間に入って、「甘い判断をしてくれ」というような言い方をして、国税庁や金融庁に圧力をかけて、それで立ち消えになったらしい。

私は言論人だが、新聞記者ではないから、これ以上の事実関係はわからない。ただ、私がこう書いたことが名誉毀損《きそん》になって訴えられるということになれば受けて立つ。しかし彼らは、私が本に書いたぐらいでは、相手にしない。いざ闘いになったら、私は理論武装する。私の敵は、もっぱら税金官僚である国税庁と金融庁であり、彼らの動きを見て対応している。とりわけ国税庁の広報広聴部《こうほうこうちょう》が、私の本を熱心に読んでいる。

たくさん相続税を納める人たちに、この国はなぜ社会的名誉を与えないのか

セコムというのは、日本の大きな警備保障会社だ。泥棒などの被害に遭わないように、

金持ちはだいたい、こういうセキュリティ会社に入っている。

もう一つ、ALSOK《アルソック》（綜合警備保障）という大手がある。この警備会社には警察官あがりの人たちがたくさん再就職している。定年退職の警官を多く雇っている。日本の警備会社は非常に大事だということもあって、そのお仲間の「お金《かね》警察官」である国税庁は、厳しい税務調査をしない。

私は飯田亮氏を今から税務署が痛めつけろとは言わない。私は創業者一族が時代の流れ《トレンド》と幸運もあったとは言え、50年も苦労して会社を大きくしたのに、税金で200億も300億もとられてしまうというのは、とんでもなく間違っていると思う。

私は以前書いた別の本『税金官僚に痛めつけられた有名人たち』（光文社、2014年7月刊）の調査のために、消費者金融の大手・プロミスの社長、会長をした神内良一《じんないりよういち》氏に北海道に会いにいった。ものすごく立派な人物だった。神内氏は自分の長男が先に死んでしまったものだから、500億円の相続税をとられた。それなのに、「国からは、たった1枚のハガキの感謝状やお礼状も来なかった」と言った。本当だと思う。

「納税者（タックス・ペイヤー taxpayer）は、みな平等」という考え方がある。役人（公務員）から見たら国民は皆、平等（の取り扱い）の考えである。年収800万程度の中堅サラリーマンも、年収1億円の金持ちも平等だとする。サラリーマンも所得税（国税）と

小《こ》金持ち層への、国税庁の脅《おど》しと騙《だま》しのお触《ふ》れ書《が》き（新聞記事）の見出し一覧

2013年10月刊『税金官僚から　逃がせ隠せ個人資産』以降のもの。（出所：日本経済新聞）

2013.12.21	資産家は要注意「海外に5000万円」なら申告義務 ～申告漏れ対策で13年末から
2014. 2. 8	海外口座情報を共有　課税逃れ防止、G20合意へ ～国税当局間にオンライン
2014. 3.18	預金口座にマイナンバー義務付け　脱税など防止へ
2014. 7.31	海外居住者の口座情報、毎年交換　税逃れを防止
2014. 9. 3	富裕層の税チェックを強化　国税当局、専門チームや新制度
2014.10.22	税収の国外流出に網　富裕層の日本離れに懸念も
2014.11.20	国税庁、海外当局との情報交換34%増　課税逃れ対策
2014.11.20	相続増税　首都圏の金融機関、助言競う
2014.12. 1	富裕層、株売却益非課税国へ　日本人永住者2.6倍に
2014.12.31	相続節税なら現金より不動産　評価額8割減も
2015. 1.19	富裕層の税逃れ阻止　40カ国超と口座情報監視 ～国税庁、18年から
2015. 2. 3	1000兆円の資産が動く　相続で激震、ニッポン金融
2015. 2. 9	英HSBC、過去に脱税指南か　BBCなど報道
2015. 6.28	国境またぐ資産、強まる課税

小金持ち層への、脅しと騙しの見出し一覧

2015. 6.28	まだある課税強化の動き　富裕層に新たな調書
2015. 6.30	「出国税」1日から開始、有価証券1億円以上が対象
2015. 7.23	中原国税庁長官、就任会見で抱負　「租税回避に積極的対応」
2015. 9. 3	「富裕層2万人」　課税強化で10の選定基準(真相深層)
2015. 9.22	税理士懲戒、10年で3倍　脱税指南や名義貸し ～背景に顧客奪い合い
2015.10.29	所得税申告漏れ、5.4%増　「富裕層」の増加目立つ 14事務年度
2015.11. 3	国税庁「タワマン節税」の監視強化　行きすぎには追徴課税
2016. 4. 5	英ロ首脳ら租税回避に関与か　各国が調査開始（パナマ文書）
2016. 4. 6	米大統領「税逃れは世界的問題」　各国連携訴え
2016. 4. 6	タックスヘイブン、匿名性高く不正の温床
2016. 4. 9	富裕層の租税回避監視　G20、新興国に参加促す
2016. 4.13	節税策防ぐ課税、新興国にも拡大　G20・OECD方針
2016. 4.15	富裕層資産隠し、美術品も使う　パナマ文書で判明
2016. 4.16	税逃れ対策、協力しない国への制裁検討　G20合意
2016. 4.17	タックスヘイブン 個人も企業も　パナマ文書で注目、その実態は
2016. 4.21	税務情報の交換でパナマと早期に協議　財務省
2016. 5. 6	国税が富裕層の徴税強化、金融庁は相続税圧縮も
2016. 5. 8	G7、租税回避巡り結束　課税情報共有などで
2016. 5.10	パナマ文書公開、各国が一斉調査　脱税など違法性は…
2016. 5.18	パナマと税務情報交換へ交渉開始　財務省、税逃れ対策
2016. 6. 2	税逃れ情報、迅速に交換　OECD閣僚理事会が声明

2016. 6. 6	税逃れ「ブラックリスト」来年にも
2016. 6.30	税逃れ防止、80カ国・地域で　OECDが京都で会合
2016. 7. 1	税逃れ、日本並みに課税　マレーシアなどの所得も対象に 財務省検討
2016. 7.23	「実はスイスに…」　日本の富裕層、相次ぎ修正申告 パナマ文書で租税回避に厳しい目
2016. 7.29	国境またぐ節税監視　当局「最重要課題」
2016. 8.20	相続税の対象者1.7倍　非課税枠4割減で 首都圏・民間調べ
2016. 8.23	租税回避策、税理士に開示義務　拒めば罰則も 財務省と国税庁検討
2016. 8.26	財務省、パナマと租税情報交換する協定に署名
2016. 9. 5	海外資産相続、申告漏れ増加 国税指摘、14事務年度177件
2016. 9. 8	税逃れ防止策、政府税調議論へ　海外子会社利用など
2016. 9. 9	首相、配偶者控除見直し・税逃れ対策の検討指示　政府税調に
2016. 9.17	国税、資産実態厳格に判断　キーエンス創業家株贈与
2016. 9.29	税逃れ課税、対象国拡大　法人税率20%以上も 財務省検討
2016.10.10	脱税、ITデータも調査　強制収集へ法改正検討
2016.10.21	相続税逃れの海外移住に網　政府・与党検討 居住5年以上にも課税
2016.10.25	租税回避調査、専門部隊を全国に　国税庁が国際課税方針公表
2016.10.28	富裕層申告漏れ、3割増の516億円　6月までの1年で

小金持ち層への、脅しと騙しの見出し一覧

2016.10.31	国外財産調書、提出者8.6%増の8893人　総額3.1兆円
2016.11. 8	海外取引関連の申告漏れ4.6%増　15事務年度、国税庁
2016.11.12	相続税申告漏れ、海外関連3.6%増 国税庁15事務年度
2016.11.15	名古屋国税局管内、相続税申告漏れ499億円
2016.11.21	課税逃れの海外会社、実質所有者にも課税 財務省検討
2016.11.26	40階は1階の1割高　マンション固定資産税で検討
2016.11.28	企業・富裕層の税逃れ対策強化　17年度改正で政府・与党
2016.12. 8	所得税、数年かけ抜本改革　与党税制大綱8日決定
2016.12. 9	タワマン高層階は増税　市場価値とのズレ是正
2016.12. 9	海外資産 相続課税を強化 居住10年以内は対象に
2016.12.14	アパート融資の過熱警戒　金融庁、節税効果など実態調査
2016.12.15	相続税対象者、基礎控除下げで8割増　15年
2017. 1. 7	国税庁の定員6年ぶり増加　17年度、国際課税への対応必要
2017. 1.19	バハマとの租税情報交換協定を改正
2017. 2. 1	12月の税収、前年比4.7%増の3兆3604億円　所得税・消費税伸びる
2017. 2. 9	パナマ文書「しっかり分析」　迫田国税庁長官
2017. 2. 9	富裕層の資産、ガラス張り　日本も課税包囲網に参加
2017. 2.12	「現預金に相続課税」増加　対象者拡大で「土地」超す ~15年、新たに6国税局で首位

地方税、それ以外にいろいろな税金を年収の2～3割はとられているから、納税者はみな平等と言う。けれども、個人の所得税だけで毎年、1億円（年収は3億円）徴税《ちょうぜい》されている大金持ちや、代替《だいが》わりで、100億、200億、500億も国に相続税を納める人たち、即ち高額納税の金持ちたちに、この国はあまりに冷たい。役人（公務員）による「平等取り扱い」もいい加減にしろ。

本来なら、高額納税者には社会の名誉《オナー》を与えなければいけない。それらのお金は社会に貢献するのだから、社会全体が、高額納税者を称賛しなければいけない。税金取りの公務員たちは貧乏サラリーマンだ。金持ちたちへの尊敬がない。痛《いた》めつけてやる、とばかり考えている。世の中のために本当になっているのは金持ちたちなのだ、という教育を、税務署員たちは受けていない。国民も受けていない。公務員は利益を生まない。「利益を生んではいけない」と教育される。これにワルの竹中平蔵《たけなかへいぞう》が噛《か》みついて、「公務員も利益を出せ」と喚《わめ》いたので、公務員たちがキョトンとなった。

税金公務員たちの頭にあるのは、税金を取ることだけだ。「国民の法律上の取り扱いはみな平等だ」「並べ、並べ、平等に並べ」と言っておいて、公務員たち自身はこの列にいない。税金を取り立てている自分たちはその列の中に並ばないのだ。並ぼうとしない。そういうおかしな連中が公務員だ。

民間サラリーマンの世界は厳しい。民間企業が厳しいとわかっているものだから公務員職《しょく》に逃げ込んだ者たちが公務員のほとんどだ。市役所の職員にも、コネ入社や裏口入社がある。山ほどいる。本当は、公務員はみんなのために尽くすために働かなければならないのに、そんな気がサラサラない。民間企業があまりにも厳しいと知っているから、自分のために楽な公務員人生をやっている。ここまで書いたら怒るか。

しかし実際の税務署員たちもきつい。組織の統制《とうせい》と内部命令で、奴隷みたいに扱われていて、異常な状態に追い込まれている。しかしいまさら簡単には辞められない。失業したら乞食《こじき》だ。ここではっきり言っておかねばならない。世の中の人々のために尽くすという気持ちがない人間は、公務員を辞めなさい。公僕《こうぼく》（パブリック・サーバント）というのは、「給料は要《い》りません。皆のために働きたい」と言って、生活費は個人の資産の中から出すような人間でなければいけない。だから、ドナルド・トランプ大統領の一族は、「公務員としての給料は要《い》らない」と辞退したのだ。

議員たち（特別職《しょく》公務員）にしても、4年か6年、みんなの代表（＝議員）を務《つと》めたら、また前の自分の職業に戻る、という考えが正しい。「政治家（議員）が私の職業で一族の家業《かぎょう》だ」などと言うのは間違った、腐敗した考えである。日本人もアメリカ人の考えから学んで「公務員とは何か」を本気で考え直した方がいいのだ。

相続税の基準が、1億円から5千万円まで下がった

セコムの飯田氏のような、個人資産でも1千億円クラスの大金持ちと、この本の読者である10億円以下のような小金持ちとでは違う。

私の本の読者で、私の講演会にも来てくれ、「よくぞ本当のことを書いて教えてくれた」と声援を送ってくれるのは、70代、80代のお婆《ばあ》さまたち、お爺《じい》さまたちだ。この副島隆彦という男は、本当のことを書く、嘘をつかない、私たちを騙さない、ということで、私への信頼がある。

私がなぜ、自分の資産を一生懸命守って、なるべく税金を払わないで、資産を次世代に残そうとしている小金《こ》持ちたちを応援するのか。それは、いまの国家体制や税金取り公務員たちによる金持ちいじめがあまりにもひどいからだ。

相続税は、親も子も、5年海外に住んでも、それでも相続税を取られる、に変わった。それまでは、相続人と被相続人が海外に5年以上住んでいる場合、海外資産には相続税はかからなかった。2017年度税制改正大綱に盛り込まれる。全くヒドいものだ。

2013年に私の税務調査に来た税務署員がボヤいていた。本当は高卒で低収入なのに、家が資産家であるらしく（本当かな）、「自分もアパートを持っているが、これからは相続

税の対象になる」と深刻そうに話していた。だが自分は安月給《やす》サラリーマンだが、親が資産家だ、という人はたくさんいる。

ここでひとことで言ってしまうが、相続財産が5千万円以下だったら、相続税はかからない。従来は相続財産1億円までは相手にしなかった。「基礎控除《こうじょ》」という制度を使って除外する。資産1億円というのは、家1軒と、あと1軒の家と、金融資産（株、預金、その他）だ。しかし、今はこれが5千万円を基準にして、ここからも相続税を取る、取らない、の闘いになっている。課税基準が低くなった。

●「相続税対象者1・5倍に　増税スタート」

相続税が2015年1月1日から増税となった。遺産の一定金額まで税金がかからない基礎控除が4割縮小された。このほか、2億円超〜3億円以下の遺産に適用される税率が40％から45％に、6億円超に対する最高税率は50％から55％になった。相続により、経済格差が世代を超えて受け継がれる影響を緩和するとともに、税収を増やす狙いがある。

相続税は、遺産から基礎控除などを差し引いた上で、税率をかけて税額を決める。これまで「5千万円＋法定相続人1人当たり1千万円」だった基礎控除が、1月1

日から「3千万円＋法定相続人1人当たり600万円」に縮小した。平成24年（2012年）の死亡者のうち、課税対象となる人の割合は4・2％だったが、27年（2015年）は約1・5倍の6％に増える見通しだ。

夫が死亡し、妻と2人の子供が相続する場合、1日からは遺産が4800万円より多いと基礎控除を上回った部分に税金がかかる。

（2015年1月1日　産経新聞）


この記事から分かることは、小金《こ》持ち老人が死んだとき、相続税がかかるのは従来は年間の死者数120万人×4・2％＝5万400人だった。それが、120万人×6・0％＝7万2千人で、年間7万2千人の国民（相続人。子供たち）に相続税がかけられるようになった、ということだ。従来は、5万人だったのが7・2万人に増えた。もっともっと相続税を取ろうという動きだ。

細かいことは税理士たちが知っている。私ももっと税法の勉強をしたいのだけれども、そんな細かいことを勉強している暇がない。この本の後ろの方でもう少し知識を載せる。

海外の税務調査を、現地の国に依頼できるという国税庁の脅しビデオ。できはしない

出所：国税庁HP　https://www.nta.go.jp

「悪質な場合に行う」とビデオで強調している。「各国と連携して」、「積極的に情報交換を進めている」、と言うが、「税金は奪い合い」だから、他国への協力なんかしはしない。もし税務署員が外国の領土で動き回ったらそれこそ大ゲンカになる。ここが狙い目だ。

公務員たちはなぜ金持ちが嫌いなのか

税法（税金についての法律）というのは、複雑である。税理士たちでも、あまりに、法律がたくさんかつ次々に作られて、かつ改正されるので、訳《わけ》がわからなくなっている。普通の弁護士たちでは、いくら頭のいい法律の専門家だ、と言ってもこの法律の洪水には太刀打ちできない。国家と税金官僚たちは、初めからこのことを分かっていて、この法律の洪水を実行する。法律の洪水で自分たちに反抗する者たちを押し潰《つぶ》してやる、という作戦である。

税金官僚たちの過酷さ、悪辣《あくらつ》さを、私はやっぱりここで書いておかなければいけない。山ほど公務員がいる。驚くべき数でいる。日本の人口は1億2千万人だ。公務員と公務員らしき人間たちが合計で2千万人ぐらいいる。6人に1人だ。エッ、そんなにいるのか。いくらなんでもそんなにいるはずがない、と思うだろう。

まず、国家公務員が90万人。地方公務員で350万人（内閣人事局の発表では、国家公務員が58万人、地方公務員が274万人。平成28年版）。これに非正規のアルバイトが300万人ぐらい。この他に特殊法人（公的団体）の職員が300万人。これに公共企業（電気、ガス、鉄道、福祉事業）の職員が400万人。ものすごい数だ。その家族がいる。

公務員は昔は低収入だった。今は、50歳の管理職で年収1千万円ぐらいだ。民間企業の方が、デフレ経済で給料が落ちている。それでも貧乏だから公務員試験に受かって公務員になっている。金持ちに対する憎しみ、恨みがすごい。公務員は社会主義《しゃかいしゅぎ》者《しゃ》だ。「貧乏人の平等主義」で、金持ちからはお金をたくさん取っていい、と思い込んでいる。ここが根本から大間違いである。

公務員というのは、役所にしがみついて生きているだけの、惨めな人間たちだ。大量にリストラすべきである。このことを、そろそろ誰かが露骨にあからさまに言わなければいけない。

私は別の出版社から、『新・家《か》父長《ふちょう》論』という本を書いて出す。この本は、もう過剰福祉はやめなさい、という内容だ。社会保障とか福祉にお金がかかり過ぎる。日本の医療費は総額で年間42兆円だそうだ。そのために税金をたくさんふんだくって当然だと考える。どこからでも税金をたくさん取ろう、取ろうとする。

1800年代（19世紀）のイギリスとフランスで生まれた「福祉国家」welfare state《ウエルフエア ステイト》論という考えがあるからだ。今では国防や軍事、そして治安を守る警察までを「福祉《ウエルフエア》」という言葉の中に入れてしまう。福祉国家論がさらに膨張して、道路や橋や公共設備を使う

世界各地のタックス・ヘイブン（租税回避地）。

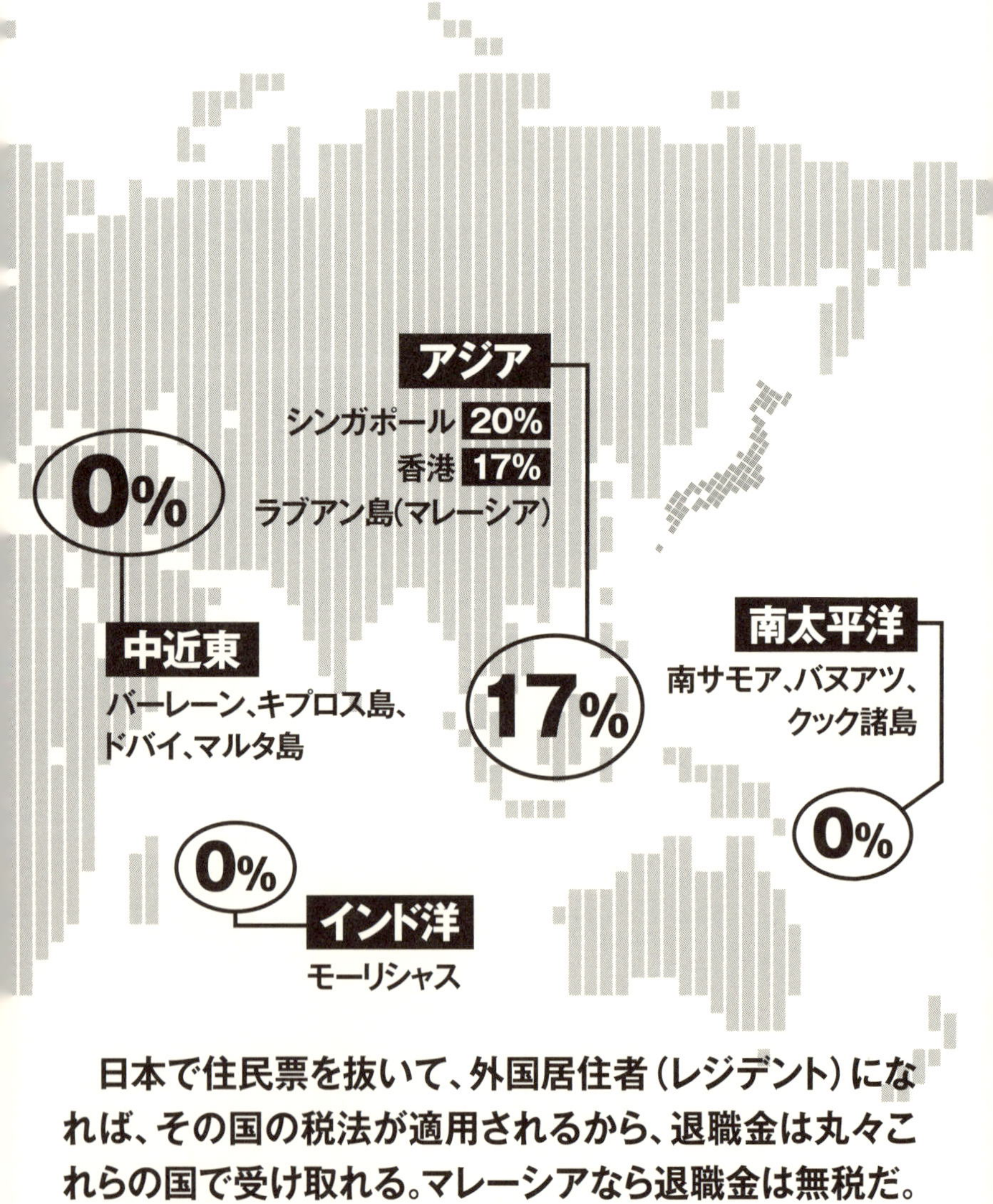

日本で住民票を抜いて、外国居住者（レジデント）になれば、その国の税法が適用されるから、退職金は丸々これらの国で受け取れる。マレーシアなら退職金は無税だ。日本で普通に受け取ると、所得税で20%ぐらい取られる。

住民票を外国に移してその国で退職金を丸々受け取る生き方をするのもいい。

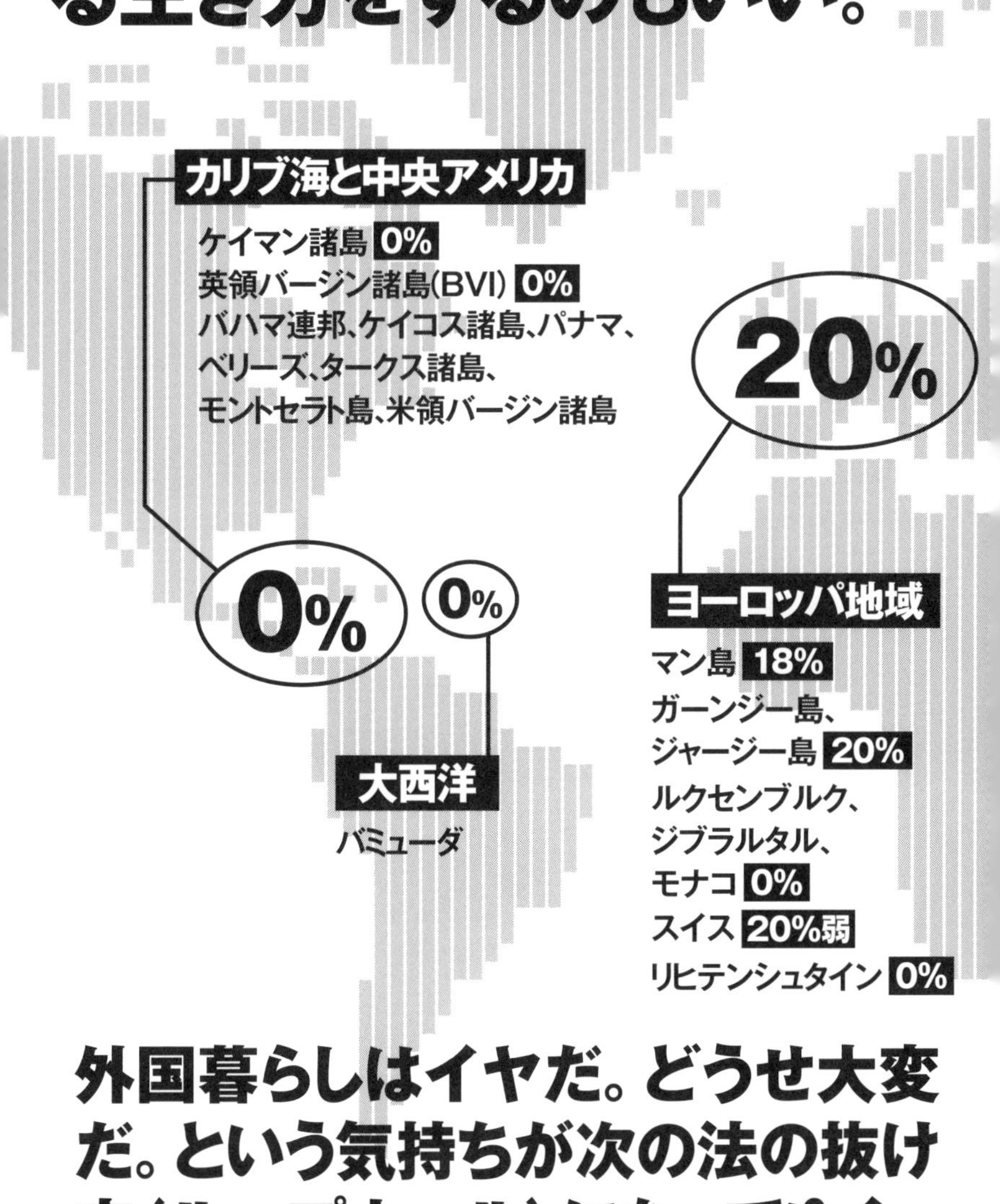

外国暮らしはイヤだ。どうせ大変だ。という気持ちが次の法の抜け穴（ループホール）になってゆく。

ことを、インフラ使用料として税金を払え、という理屈になった。だから税金が高すぎる。

ここで「払える人しか払えない」という理屈が出てきて、低所得者層（貧乏人）からは取れない、ということで、金持ち（富裕層）から、取れるだけ取ろうという考え方になる。中堅サラリーマン層（給与所得者）の税金もものすごい。給料天引《てんび》き（源泉徴収《げんせんちょうしゅう》制度という）で問答無用で、収入の25％を取る。この他に医療保険と年金、共済掛け金などで、何と年収の49％（50％ギリギリ）まで天引きする。本当だ。この50％ギリギリの強制徴収の国家によるぼったくりのことを「国民負担率《こくみんふたんりつ》」と言う。もういくら何でもサラリーマン（現代の百姓、奴隷だ。自由人だと思い込まされているだけ）からこれ以上はふんだくれない、本当に死んでしまう、ということで、それで、再びそれなら金持ちから取ろう、となる。税金取り公務員たち自身も安《やす》税金が高すぎて、あっぷあっぷしている。

なぜ税金取り公務員たち（それの親分たちが税金官僚）がそこまでして、ヒステリー状態になって、金持ちに襲いかかろうとするのか。この問題を本気で誰かが表に出さなければいけない。税金取り（取られ）の話は、みんな色物《いろもの》よりも嫌がって、口にしたがらない。だからインチキと手品みたいな、バカみたいな国家行動が勝手に暴走する。

世界中の税金官僚が、自国の金持ちを追い回している

今やすべての国家が、とくに先進国は、いや、新興国《しんこうこく》ほど、「私の国に金持ちさん来てくれ、来てくれ」の競争になっている。外国の金持ちたちが、自分の国に、逃避《とうひ》資金を持って来てくれることを、その国の政府や国税庁はものすごく歓迎する。**世界中で金持ち奪い合い**の様相を呈している。東京、大阪、名古屋でも、台湾人や香港人、韓国人、中国人を中心にして、アジア人たちが高層マンション（タワー・レジデンス）を買っている。日本はインフラが整備されていて、空気がきれいで安全な国だから住んでみたいという外国の金持ちがたくさんいる。外国人がお金を持ち込んで投資してくれるというのは、ものすごく大事なことだ。外人観光客（インバウンド）だけの話ではない。

そして税金官僚たちは、彼ら外国人金持ちに税務調査などしない。そもそも外国人だということもあるけれども、もし、彼らに税務調査でもしようものなら、彼らは一斉に逃げてしまう。噂が立って、それこそ一斉に外国人金持ちは、クモの子を散らすようにタワーレジデンス（高層マンション）を売却して逃げてゆく。そうすると日本の大都市の高層アパートと土地の値段が暴落する。本当に暴落を始める。

今はそうでなくても不動産は値下がりしていて、政府は無理にでも地価と不動産価格を

吊り上げなくてはならない。ウソばっかりの「景気は回復しつつある」を言い続けるために、不動産価格は重要な指標（インデックス）なのである。だからどこの国の政府も外国人富裕層を丁重に扱う。

ところが、**自国の金持ちたちに対しては、痛めつける。**どこまでも追いかけるというのが、今の税金官僚だ。自分の国の金持ちたちのことを、獲物《えもの》を狙う猟犬のように追及する。だから前述したような、「（富裕層の）外国資産への課税強化」となる。これが、今世界的なブームなのである。これはおかしな、漫才だ、と誰か言いだすべきなのだ。税金官僚どもよ。自分たちはおかしいのではないか、とちょっとは我が身を振り返ってみるがいい。

「出てゆきたいのなら、出てゆけ」となぜ言えない。この点では健康保険（税）制度がおもしろいことになっている。年間80万円もの重税の国民健康保険を投げ捨てて、住民票を外《はず》して外国で暮らす日本人に対して、本当に、「また入りたい、と言っても入れてあげませんからね」と健康保険の職員たちが捨てゼリフで言うらしい。

だから世界中の金持ちが一番恐ろしくて嫌いなのは、自分の国の税務署である。これは全世界共通だ。中国人も、ロシア人も、アメリカ人も、自分の国の税務署から逃れるために、世界中を逃げ回っている。

一番厳しいのはアメリカ国民だろう。世界中逃げ回っても、逃げ切れない。さすが、超《ちょう》大国である。なんとアメリカ国籍を捨ててもさらに5年間、納税義務がある、「納税申告せよ」という恐ろしい状況になっている。それにFATCA《ファトカ》（Foreign Account Tax Compliance《コンプライアンス》 Act　外国口座税務コンプライアンス法。2013年1月施行）という法律が加わった。このFATCA《ファトカ》法については、私は前著『税金官僚から 逃がせ隠せ個人資産』（幻冬舎）で詳しく書いたのであまり繰り返したくない。こっちを読んでください。

アメリカ政府は、傲慢《ごうまん》にも「外国政府の課税の法の適正運営」みたいなことまで言い出した。IRS《アイアールエス》（Internal Revenue Service　アメリカ合衆国内国《ないこく》歳入庁。アメリカ国税庁）が、直接外国の銀行にまで、その銀行の口座にあるアメリカ国民のお金の動きを、自分たちアメリカ政府に報告せよという命令まで出すようになった。香港は中国の一部だから、こんなヘンなことは聞かない。だが、シンガポールやマレーシアは弱いから言うことを聞いた。

ここまでくると、その国の国家主権 sovereignty《ソブリーンティ》 というのは、いったい何なのだろうか、ということになる。自分の政府の命令ならともかく、なぜ、アメリカ政府の命令に外国の銀行が従わなければいけないのか。訳《わけ》がわからん。全くもって失礼な話である。アメリカ市民（国民）の金持ちたちは、それこそ世界中を資金と共に逃げ（逃がし）回っている。

外国で暮らすアメリカ市民は、年に一度、その国の米国領事館《りょうじかん》（コンシュレット）に出頭義務がある。そして、領事館の職員（税金担当）に「どんな風に収入を得て、暮らしているのか」と尋問される。「アメリカ政府（ＩＲＳ）に納税申告したか。今すぐここでせよ」と言われる。「私は日本政府に申告して税金を納めている」と言っても「アメリカ政府にも申告せよ。そのようになっている」と脅される。これが今のアメリカだ。だから、怒りにかられたアメリカ白人（立派な人々）たちが、何が何でも、ということで、自分たちの味方で、真の代表（統領《とうりょう》）ということで、ドナルド・トランプを当選させたのだ。「トランプよ。お願いだからー。あのＩＲＳの税務署員どもを叩《たた》きのめしてくれ」となったのだ。

3 パナマ文書問題とは何だったのか

パナマ文書流出の引き金となった事件　アメリカVSイギリスの争い

マーク・カーニー Mark Carney というイングランド銀行（英中央銀行）総裁がいる（2013年〜在任）。このカーニー総裁を、3年前の2014年、アメリカのジェイコブ・ルー財務長官がどやしあげた。それで怒鳴り合いの喧嘩になった。この年の10月13日に、英と米の金融当局者が協議して、「大手金融機関が破綻したときの共同演習」をした時のことだ。何の喧嘩か。新聞記事はそれだけでどこにも説明はないけれども、私にははっきりわかる。FATCA《ファトカ》のことで、アメリカがイギリスにあれこれ強制したので、ついにイギリスもぶち切れたのだ。

ブリティッシュ・ファイナンス・サービス British Finance Service（BFS）というイギリスの役所が「経済警察」である。このBFSが「イギリス経済金融警察」なのである。サービス service という言葉は、警察機能も含んでいる。インテリジェンス intelligence という言葉は、CIA（Central Intelligence Agency 米中央情報局）を指すが、こっちのインテリジェンスという言葉も、国家機密情報の収集という意味だ。

これと同じように、エコノミック・サービス economic service とか、ファイナンス・サービス finance service といって、イギリス政府の経済警察が世界中に目を光らせてい

パナマ文書の漏出は、ロシア、中国、サウジを狙い撃ちにした。ところがアメリカの政財界人はほとんど出なかった。50カ国以上の政治家の名前（米国以外）が出たのに

出典：ICIJ特設サイトから抜粋　https://panamapapers.icij.org/the_power_players/

あの極《ごく》悪人の人権団体が漏出に関係したと噂される。

る。イギリスは大英帝国の植民地だった国々を、今でも査察、監査、検査する権限を持っている。今はイギリスを中心とする英連邦（British Commonwealth ブリティッシュ・コモンウェルス）を作っている。カナダやオーストラリア、南アフリカのような大きな国も、香港やシンガポールもこの英連邦《コモンウエルス》の一員だ。インドは怒って出ていった。だが、どうも入っている。

だから、ブリティッシュ・ヴァージン・アイランド（British Virgin Islands）や、ケイマン諸島（Cayman Islands）などのカリブ海諸国にある、いわゆるタックス・ヘイブン（tax haven　租税回避地）と呼ばれている、小さな島々の国は、イギリスの経済警察が今も所管している。

それに対して、米財務長官のジェイコブ・ルーが、上から目線で、アゴで使うようにイギリスの経済警察まで動かそうとした。そこに集まっている世界中に逃げている金持ちたちの情報を渡せとか、寄越《よこ》せとか、言ったのだろう。さすがのカーニー総裁（確かカナダ人）も怒った。

イギリス人とアメリカ人の関係は複雑なのだ。ひとことで言えば、19世紀（１８００年代）の百年間は、イギリスが世界帝国《ワールド・エムパイア》だった。ところが、１９１４年からあとの百年は、アメリカが世界帝国になった。イギリスもその言うことを聞かなければいかなくなった。

没落した旧大国と新《しん》大国の関係だから、どうしても争いになる。パナマ運河を通した（1914年8月）ときから、カリブ海と太平洋がつながって、アメリカの力が非常に強くなった。

「パナマ文書」での流出、暴露（2016年4月3日）で、世界中の避難金持ちたちの、過去40年分の金融取引に関する内部文書が表《おもて》に出てしまった。このときのモサック・フォンセカ（Mossack Fonseca）という法律事務所は、イギリス系の法律事務所だ。ここでペーパーカンパニー（紙の上だけの設立法人）が作られて、ここを経由して、BVI《ビーヴィアイ》などのカリブ海一帯のチビ国家（ミニ国家）の銀行口座に資金が置かれている。ところが、また新たに、これからはパナマを使って、中国人の金持ちたちが、「もう大丈夫だろう」といってお金を逃がしに来ているという。中国人はたくましい。

4月からのパナマ文書の流出騒ぎでは、英キャメロン前首相の父親の投資ファンドと、中国の習近平《しゅうきんぺい》国家主席の親族が関係するオフショア企業とか、ロシアのプーチン大統領に近いチェロの世界的演奏家とか、そういう権力者の親族や友達たちの名が暴き立てられた。世界中の政治家140人に関係する取引記録が出た。ところがこの中に、アメリカの政界関係者は、1人も出てこなかった。こんなはずはない。アメリカの大富豪や権力者たち数千人の分はしっかり隠した。パナマ文書には、チラリと名前だけ出た。クリントン財団の契約書や資金の移動がものすごい量で有る。これらがこれからボロボロと出てくる、とアメリカ国内で囁《ささや》かれている。

アメリカの狙いは、外国の金持ちや大企業のお金

前述した通り、自分の国に、外国からお金が流れ込んでくることは大歓迎だ。安倍政権やその支持者たちは、あれほど中国人（チャンコロ。中国人《チャンコウレン》が正しい表記）、朝鮮人、韓国人が大嫌いだけど、外国人が日本に旅行に来てくれることは、ものすごく大事なことだとわかっている。インバウンド（Inbound）と言って外国から入って来る旅行客を大事にする運動が世界中で行なわれている。

タックス・ヘイブンの国々である香港やシンガポールを真似して、今はドバイ、アブダビ、タイ、マレーシアなども、外国の金持ちたちに入って来てくださいという政策を推進している。P46のタックス・ヘイブンの国々に世界中の金持ちたちが税金避難して自己資産を持ち出して来て住んでいる。だいたい200万ドル（2億円）ぐらいを持参して来ると喜んで居住権（永住権）をくれる。当然、世界のこの流れに従って日本の大金持ちたちも世界中のタックス・ヘイブンにたくさん逃げている。

パナマ文書流出の裏側の真実はこういうことだ。それをなぜあんなふうに暴き立てたか。「もう世界中に資産を逃がしても無駄だから、アメリカにお金を持って来なさい。アメリカが一番安全ですよ」という策略だ。これが本当のパナマ文書流出の動機だ。

それで、その受け皿となってハワイにコンドミニアム（投資用のアパート）を買いましょう、カリフォルニアに不動産（一戸建ての住居）を買いましょうという会社がある。

これに興味がある客がいるのだろう。アメリカに立派な不動産を買って、優雅にのんびり暮らしたいと。ただし管理費がバカ高い。固定資産税（リアル・エステイト・タックス）だけで、年に2万ドル（220万円）かかる。その他の諸経費ものすごい。そのまま持ち続けることができるだろうか。その物件を相続する子供たちが同じように暮らすことができるか。不動産は持って帰れない。売ろうとする時には、外国人の場合はなかなか希望値段では売れないで、足元を見られる。実はドナルド・トランプ Donald Trump 新大統領が、長年不動産業者としてやってきた手法と一緒だ。

トランプは、1991年にホテル・ニュージャパン（1982年、火災事件）の横井英樹氏を誘って、エンパイア・ステート・ビル（ロックフェラー財閥が1930年に建設）を一緒に買った。横井氏に約4千万ドル（当時、1ドル＝135円として約54億円）出させた。最後はトランプがこれを奪い取った。

アメリカ政府も外国人の金持ちが大好きだ。彼らにニューヨークのそれこそトランプタワーのような一室（200㎡）10億円ぐらいするタワーレジデンスをどんどん買ってほしい。今やニューヨークの中心とも言うべきトランプタワーには、海外のスポーツ選手や有名人、大金持ちたちが買って住んでいる。さらに新しいトランプ・ワールドタワー（国連ビルのそば）には、マイクロソフト社のビル・ゲイツも住んでいる（ワシントン州シアトルの郊外に大豪邸があるが）。この他に、ハワイのコンドミニアムや一戸建てのビッラ（別荘）を外国人に買わせようとする。

アメリカ政府だって、外国の金持ちにアメリカ国内に資産を持たせようとする。だが、この手に絶対に乗ってはいけない。アメリカが世界で一番安全で、一番資産を守ってくれる、不動産の税金も安いとか宣伝するけれど、それはウソだ。アメリカに不動産を買うと、いざという時に売りにくい。外国に資産を持ち出そうという段階であれこれ、法律で邪魔してくる。ここがタックス・ヘイブンの国々との違いだ。「アメリカが一番安全だ。あちこち逃がすのはもうやめた」という考えは愚かである。アメリカはいざとなったら骨の髄までやることが意地汚い。

もちろん、税金避難民《タックス・レヒュジー》である金持ちたちの方も、歴史的存在だから簡単には負けてはいない。だが知恵の足りない人、用心しない人、注意力のない人、身構えない人はやられて

米公聴会（2010年2月24日）での激しい闘いの後、トヨタ社長・豊田章男氏が関係者に挨拶をした。立派だった

出所：トヨタ自動車ホームページ「トヨタ自動車75年史」
https://www.toyota.co.jp/jpn/company/history/75years/text/leaping_forward_as_a_global_corporation/chapter5/section3/item1_a.html

トヨタは何も悪いことをしていないのに、米国政府と悪質なアメリカ人たちに、5兆円（500億ドル）取られた。「公聴会で私は孤独ではなかった」と涙目で気丈に話した。理由をわかっている関係者が、彼を温かく迎えた。トヨタのホームページに詳細が出ている。ぜひ読んでください。

しまう。専門家と称する人々にも騙される。こういう注意を喚起するために、私はこの本を書いている。

パナマ文書流出問題の裏側の真実はこれだ。アメリカは、イギリス（及び英連邦）まで押さえつけて、言うことを聞かせて自国を優位に立たせ、ロシアと中国を叩き潰したいのだ。

アメリカに狙われる日本企業

タカタという、車のエアバッグやシートベルトを作る立派な会社がある。世界のエアバッグ市場の20％のシェアを占めている。２００８年から始まったアメリカでのタカタのリコール問題で、２０１６年に引責辞任した高田重久社長の、実母の暁子《あきこ》さんというお婆さまが創業者だ。「原因がわからないことには私は絶対に頭を下げない」と会見で言った。偉い。あのリコール騒ぎは本当はアメリカが、タカタ製品を装着していたホンダを狙ったのだ。ホンダとタカタから合計で3千億円（30億ドル）ぐらいを欠陥商品の事故の賠償金として、米司法省が奪い取るだろう。このお金は、アメリカ政府の財政赤字を埋めるために使われる。即ち、アメリカ政府によるボッタクリである。

トヨタも何も悪いことをしていないのに、アメリカ政府に、合計5兆円（賠償金と懲罰金を合計で500億ドルだ。表面に出した金額は12億ドル＝1200億円だった。日経新聞2014年3月20日）を取られた。毎年1兆円ずつ、5年間、アメリカに払い続けた。トヨタのハイブリッド・カーのプリウスなど3車種の「ABSブレーキ制御システム」の異常が大きく騒がれた。2010年のプリウス事故は、事故後すぐに、ドライバーの運転ミスだと判明した。プリウスのアクセルに、サンダルをひっかけて事故を起こした女（これが真実）がいた。それでトヨタのブレーキ制御システムの電子スロットルに欠陥があるとアメリカ側は叩いた。そのためにアクセルを踏むと異常にスピード加速が起きた、と裁判で争われた。ところが、トヨタのブレーキ制御の電子スロットルには全く欠陥はなかった。このことは2012年に最終的に米運輸省《うんゆしょう》自身が認めた。この時にはすでに5兆円のぼったくりは決まっていたので、もうどうにもならない。アメリカはこんなヒドいことを日本企業にするのだ。アメリカ政府の財政赤字が真っ赤っかでひどい（年間、70兆円）ものだから、こんな収入源を作るのだ。日本の金持ちに国税庁が襲いかかるのと全く同じ仕組みである。

アメリカ政府は今ではそういうことをする。〝ジェイ〟・ロックフェラー（ロックフェラー家の四世）上院議員（当時）が間に入って、トヨタを少しは守ってやれ、という結論になった。豊田章男は泣いていた。米議会の公聴会に呼びつけられたあと、豊田は中国に飛んだ。カリフォルニア・トヨタを投げ捨てた。もうアメリカでは商売できないと言った。豊田章男は2年前に、「ようやく日本国に税金が払えるようになった」と言った。

5年間、毎年1兆円ずつアメリカ政府に懲罰金で払ったのは、アメリカでトヨタが儲けたお金はすべて、アメリカに置いて行け、と召し上げられたことに等しい。これがアメリカのやり口だ。だからアメリカ・トヨタが利益が出ないものだから、日本国内で税金が払えなかった。日本政府に納《おさ》めるはずの毎年1兆円がなくなっていたのだ。「外国課税の二重課税はしなくていい」の決まりに従って、トヨタは、日本国に税金を払いたくても払えなかったのだ。

衰退国家アメリカの、なりふり構わぬ恐ろしさ

アメリカ政府は巨額の財政赤字を穴埋めするために大企業を狙って何でもやる。個人の金持ちたちを狙うのと同じ原理だ。

リヴァイアサン（Leviathan、レヴィアタン）という旧約聖書に出てくる海の怪獣がいる。ビヒモス（behemoth）という陸上の怪獣と二頭で一対を成す。このリヴァイアサン

ビヒモス（真ん中）とリヴァイアサン（下）。旧約聖書の怪物。何でも食べる。これが国家、政府だ。

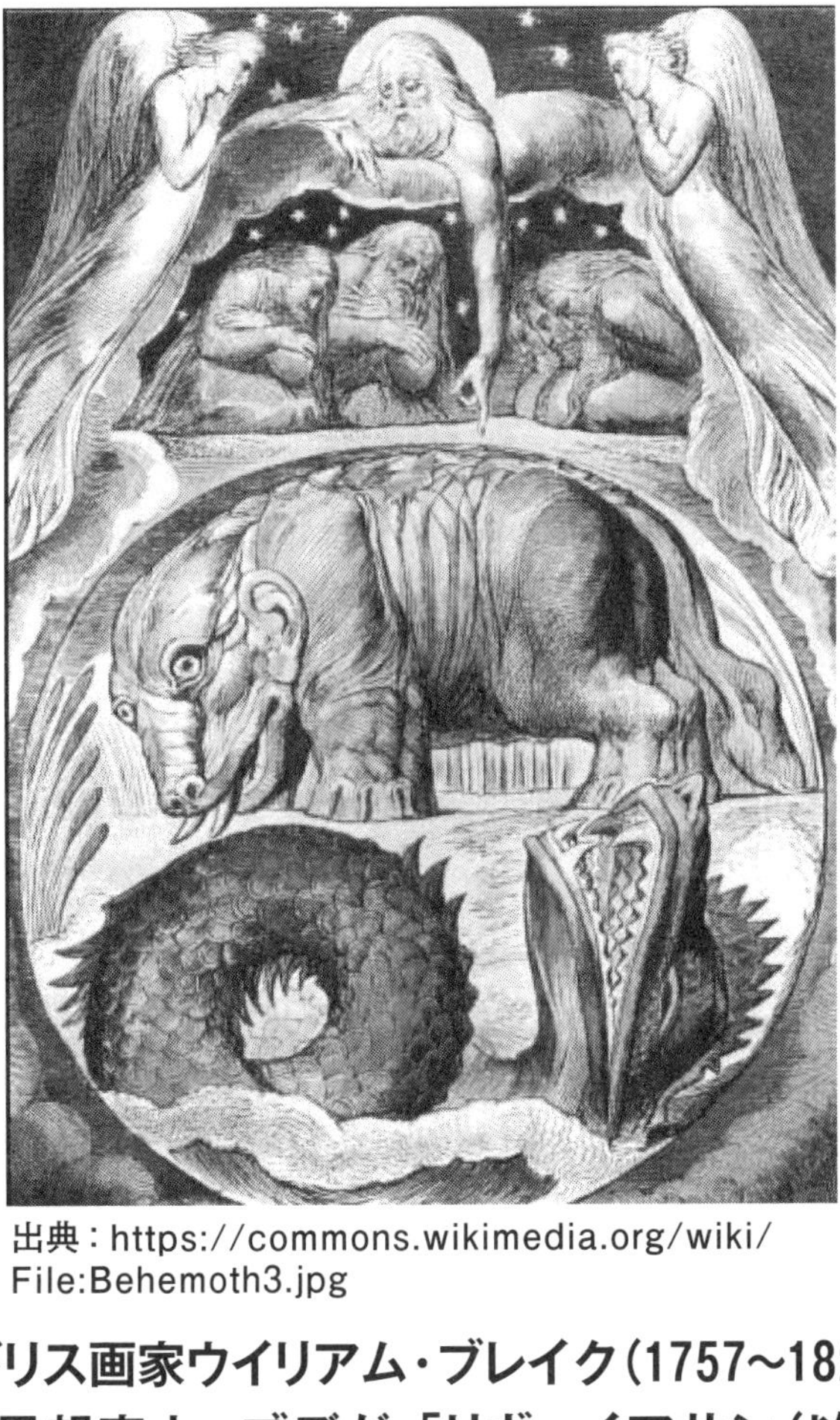

出典：https://commons.wikimedia.org/wiki/File:Behemoth3.jpg

イギリス画家ウイリアム・ブレイク（1757〜1827）が描いた。思想家ホッブズが、「リヴァイアサン（凶暴な動物）」（1651年）という国家論を書いた。

という怪物は、それこそなんでも食い散らす。痛い痛いと言いながら自分の手まで食べてしまう。隣りの怪獣とも殺し合いの喧嘩をする。

トマス・ホッブズ（Thomas Hobbes　1588〜1679）が国家について書いた有名な『リヴァイアサン』はこの怪物を寓話《ぐうわ》にしたものだ。国家というものはこの怪物のように巨大な悪である。暴走すると何をするかわからない。自分の手足である500万人ぐらいを失う戦争（隣りの怪獣との喧嘩、国民が死ぬ戦争）を平気でする。政治家と官僚たちは、このリヴァイアサンの頭であり中枢だ。彼らはこの国家という怪獣の法則に従って生きる。だから国民をどれだけイジめても構わない、という本能を持っている。だから怪獣国家の暴走は止まらない。小さな怪獣である小国は、大きな怪獣国に叩きのめされて、食われてしまう。だから奇怪な小国家である北朝鮮は、自分が食い殺されないように核武装しているのだ。

アメリカのスポーツ選手たち、とくに黒人のバスケットボール選手たちは、デニス・ロッドマンを筆頭にして、北朝鮮に自己資産を逃がしている。このようにすることで、自国のアメリカの税金官僚たちから逃げている。今、この地上で最後の究極のタックス・ヘイブンは北朝鮮なのである。北朝鮮の友好国の金持ち、経営者たちが資金を避難させている。北朝鮮の金正恩《キム・ジョンウン》体制は外国人たちを主権国家《ソブリーンテイ・ステイト》としてしっかり保護してくれる。

だから北朝鮮は共産主義体制のとんでもない、おかしな国家だが、50階建ての高層ビルが、今どんどん建っている。そのように資金を逃がして来た金持ちたちによる投資が、海外からたくさん来ている。ニューヨークのトランプタワーに、アラブ人や日本人や大金持ちが住んでいるのと同じことだ。

日本人にとっては北朝鮮は笑い話では済まない国だ。トランプ大統領が中国の習近平と話し込んで、北朝鮮から危ない核兵器を取り上げて、ついでに世界の言うことを聞かない凶暴な国家体制を転覆、改造させようとする。そうしたら大きな投資先が北朝鮮に生まれる。日本の商社とかが中国経由で北朝鮮に入っている。ミャンマーと同じような感じになるのが、いいとこだ。だが、そううまくゆくか。分からない。

こういう世界的な資金の移動の流行《トレンド》があるから日本でも、金融庁と国税庁が狂躁《きょうそう》状態になって、自分の国の資産家が外国に脱出することを、自民党政府が狂ったように阻止しようとする。新しい法律をどんどん作ったり、改正したりして、自分たちのやっていることが正義だと勝手に思い込んで騒乱状態である。この本を読む小《こ》金持ちの人たちは、当然、多くは自民党支持者だ。自民党は、金持ちたちの政党だ。金持ちたちは自分たちが応援している自民党政府が、自分たちを守ってくれるはずだ、と思っている。ところが現実はそうではない。ちっとも守ってくれないどころか、新しい法律をどんどん作って、自分たち金持ち層をイジめることが多くなっている。税金官僚たちの言いなりになって自民党そのものが、金持ちイジめの政党になっている。

こんなはずではなかったのだ。だからアメリカで、ドナルド・トランプが登場、出現したのだ。「今こそ白人金持ちを守らなくてはいけない。首都ワシントンを占領している官僚たちを叩きのめしてやる」とトランプは言う。これが"Drain the Swamp"「ドレイン・ザ・スワンプ」だ。「泥沼《スワンプ》の悪水を抜いて干上《ドレイン》がらせよう。そうしたら、沼の底にウヨウヨと露出するヒル（官僚。寄生虫たち）を駆除しよう」となった。日本でももうすぐこのアメリカの国民革命の影響が出て来ることが私は待ち遠しい。

金持ちというのは、政府がつくった法律に逆らうのが嫌な人たちだ。自分たちをイジめる法律であっても、政府がどんどん作ったら、「法律は法律だ」とそれに従おうとする。自分たちをイジめる自民党をおかしなことに応援している。

結託する世界の税金官僚たち

世界の金持ちたちの資産は、税金官僚に見張られている。世界官僚同盟（ワールド・ビユーロクラティック・ユニオン）だ。この仕組みは、2018年から次のようになる。

●「富裕層の税逃れ阻止　40カ国超と口座情報を監視　国税庁、18年から」

（前略）新たな枠組みによって、日本の国税庁は、日米欧など主要20カ国・地域（G20）と、先進国を中心とした経済協力開発機構（OECD）の加盟34カ国に加え、英領バージン諸島、ケイマン諸島、バミューダ、マン島など英領のいわゆる「タックスヘイブン」からも、日本人の海外口座の情報を得られるようになる。

国税庁は、2017年末時点で日本人が海外に持っている預金、証券、保険などの金融口座の名義、住所、残高、利子や配当の年間受取額などの情報を、連携する海外の税務当局から2018年9月までに集めることになった。2019年以降も、年末時点の情報を翌年9月までに集約する。海外の各国当局からオンラインで情報を受け取れるようにする。（中略）

これまでも金融機関は、海外からの入金情報などを国税庁に提供してきた。しかし、口座残高の情報をまとめて国税庁に定期的に送ることは今まで義務付けていなかった。

これまでは2カ国間で租税《そぜい》条約を結んで、情報を交換していた。これは入金情報

“逃がせ隠せ”の20箇条

1　海外「から」海外「へ」の送金なら、大丈夫。

2　住民票を捨て非居住者（non-resident《ノンレジデント》）になるのが賢い。国籍はそのまま。

3　健康保険もやめる。帰国時はホテル暮らしする。

4　銀行の貸金庫を使う。下ろした現金はそのまま預けておく。

5　家の金庫は重量100kg以上のものにする。

6　海外にそれでも逃がす場合は、体にくっつけて出る。手荷物にしない。

7　海外の保税倉庫を使う手もある。

8　新規のアパート経営はやめる。アパートは売れるなら売る。

9　税理士が危ない。スパイになる。細心の注意をして選ぶ。

10 帳簿保管制度がなくなり、インボイス（請求書で売上げ）になる。おかしなコンサル税理士に無駄金を渡さない。

11 国がすすめる「調書」類を自らホイホイ出さない。直接言われてから出す。

12 「教育資金贈与制度」は使わない。直接孫に現金で渡すのがいい。

13 金《きん》は4200円/グラムを切ったら買い増す。

14 ハワイなど米国の不動産を投資目的で買わない。どうせ売れない。売らせない。

15 田舎の不要な不動産は今のうちに売っておく。

16 ヒドい税務調査のときは「争います。裁判所に訴えます」と言う。

17 銀行に預金を預けっぱなしにしない。

18 人を見たら泥棒と思え、がやはり正しい。

19 この世は騙《だま》しだらけだ、と常に用心する。

20 たとえ夫も妻も親戚も子供でも完全には信用しない。

だけで口座残高は対象ではなかった。頻度も不定期で、主に郵送でやりとりしていたため、効率が悪かった。（後略）

（日本経済新聞　２０１5年1月19日）

このように、先進国34カ国と、主要なタックス・ヘイブン国は協力し合って、金持ちたちの資金の動きを監視する体制を作ろうとしている。「これまでは2国間だけの租税《そぜい》条約で、金持ちの入金情報だけ」を報告し合っていた。「これからは口座残高も報告し合う」、「これまでは役人どうしが郵便でやりとりしていた」と書いてある。

果して、この「世界税金取り官僚同盟」が、すぐにうまく機能する（動き出す）か。海外の資産状況も丸わかりだ、と脅す。だが外国政府は取り引きでしか協力しない。それに役人がやることはどこの国でもダラダラと、威張ってやるからノロい。政府（国税庁）どうしの口座情報の交換と言うが、文化と言葉の壁もあるから、役人の仕事はどこもノロノロだ。これが国民にとっての利益だ。今のまま5年10年はすぐに経つだろう。金持ち層を脅すだけで、実際の仕事効率は悪いはずだ。

ここに「これまでも日本の金融機関は、海外からの入金情報を国税庁に提供してきた」とはっきり書いてある。「これからは口座残高も国税庁に提供（報告）する」となっている。「国税庁同士の外国との協力」などよりも、こっちの方が重大だ。金持ちの資産状況の情報はこれからは国税庁に銀行からダダ漏れだ。

日本の銀行はスイスやイギリスの銀行のように、顧客のために、「これはお客様の秘密です」と税務署と争うことをしない。「この金持ちの預金状況を調べる」と言われれば、帳簿でも何でもすべて見せる。国税庁、金融庁に逆《さか》らうと自分たち銀行が何をされるか分からない、と怯《おび》えている。

税理士も、親戚も旦那も妻も子供も信用してはいけない

お金の闘いはいつも厳しい。税務署に狙われたら、むこうは証拠を握ってから来る。だから、ある程度、覚悟しなければならない。争うことは大事だが、大変だ。

本当に自分の味方をしてくれる税理士が見つかればいいが、ろくな税理士は、今はもういない。**税理士が税務署のスパイになって、**金持ち（顧客）の秘密を税務署に平気でバラして、密告して、金持ちを罠《わな》に嵌《は》めて、陥れることが多くなった。本当に気をつけなければいけない。元国税調査官（大卒）を名乗って、おかしな煽動をしている評論家がいる。国税庁のスパイである。気をつけよう。

「税務署はこんなヒドいことをする。私は税務署と争う、闘う」と言っても、自分の家族、

親兄弟であっても一緒に闘ってくれる人はあまりいない。だから税理士もほとんどは敵だ。

親戚も旦那も妻も子供も、いざとなったら信じてはいけない。たった独りで自分で密《ひそ》かに、しっかりとした考えを持って行動することだ。資産はやっぱり「逃がせ隠せ」だ。

そしてどんな時にも誰に対しても、「注意せよ」、「騙されるな」、「警戒せよ」、「用心せよ」、「近寄ってきた人間は信用するな」、というこの5大標語を繰り返しておきます。

4 マイナンバーと申告書類

マイナンバー制で税金が取られやすくなった

２０１６年1月から、「マイナンバー制度」が施行され始まった。商取引をする全ての国民にひとりずつ12桁の背番号がつけられた。まさしく「国民総《そう》背番号制」そのものである。この法律の正式名称は「社会保障・税番号制度」である。２０１３年5月に国会を通過して成立した。国《くに》＝国税庁＝財務省が狙っているのは、もっぱら金持ちたちの資産である。本当は低所得者層やサラリーマン層は相手にしていない。むしろ関わりたくないと思っている。貧しい国民相手の社会福祉なんか、役人たちの本心はやりたくないのだ。

だからマイナンバーの真実は「社会保障制度のための国民背番号」というのはウソで、本心ではない。本心は国民管理のためのＩＤカード（身分証明書）の導入である。そして何よりも、金持ち・資産家層を狙った、税金捕捉のための仕組みだ。あらゆる商取引を自己申告の形にして、税務署が把握する、というのだ。大家としての家賃の受け取りとか、定期預金の金額とか、投資信託の購入とかのたびに、この12桁番号を書かせる。そうすることで、あらゆる取引を、国＝国税庁＝財務省が、管理できるようになる。政府の新たな国民統制の手法だ。

私のところにも、各出版社や講演業者からマイナンバーを提出せよ、というお達しが

本当は恐ろしいマイナちゃん

写真：朝日新聞

金持ちたちのお金の動きをすべて把握する。

通知カード（サンプル）　個人番号カード（サンプル）

出所：総務省HP

次々にきている。

あらゆる取引、お金が動いた時には、「インボイス方式」（インボイスとは、簡単に言えば、請求書のこと。領収書の金額ではない）での紙切れをつけさせる。税金の徴収を税務署がもっとやり易《やす》くするための、さらなる強化策だ。なぜ請求書《インボイス》の金額を請求するか、と言えば、商人たちの現金勘定まで把握したいからだ。

FinTech（フィンテック）の阻止に使われるマイナンバー

数年前、さわがれたビットコインという仮想《かそう》通貨が再び、装《よそお》いを新たにして復活している。今度は、フィンテックと言っている。私たちはこれに注意すべきである。2014年2月26日にビットコイン（仮想通貨）の代表選手だった大手取引所のマウントゴックスが、取引全面停止を表明した。その前に強制捜査を受けた。これで一気に人気はしぼんだ。円《えん》換算で世界中で300億円超の資産が宙に浮いた（消えた）らしい。「私のビットコインはどこにあるのか」とマウントゴックスに押し掛けた英国人がいたが、当然、返ってこない。その後どうなったかも聞かない。

ビットコインは、どこの国の政府や中央銀行からも規制や影響を受けない仮想通貨だぞ

「フィンテック《FinTech》」＝「国境を無視する決済」など、各国の国税庁が許すわけがない

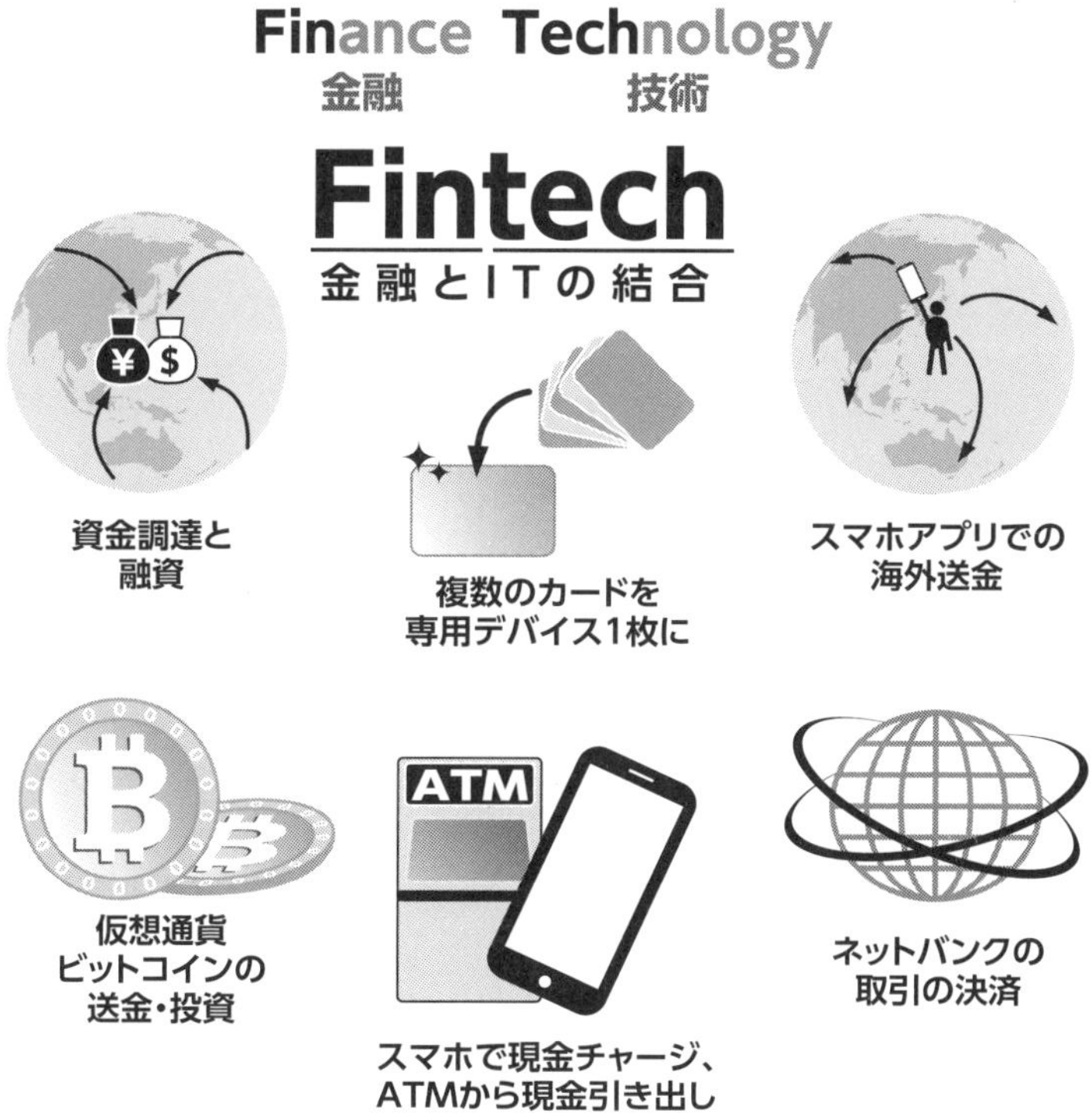

許されるのは、「国境線を越えない国内での取引だけ」だ。外国人が、日本で本国の自分の口座の金をスマホで動かす指図をすることはできる。

うだ。そんな夢みたいな話を信じていいわけがない。怪しい連中だ。ビットコインには「鉱山主《こうざんぬし》」という、この空想通貨の発行人たちがいて、この鉱山主たちは、ものすごく複雑な高等数学の仕掛けが解けて「鍵《かぎ》を開けられる」人たちなのだそうだ。ヘンな連中である。

仮想通貨は、銀行を介さずに世界中のどこにでも送金ができて、手数料もかからない仕組みだという。が、そんな簡単に、国家と国家の壁や国境線を、すり抜けるお金（資金）の自由を認めるということを、各国の国税庁＝税務署が許すわけがない。断じてない。

2、3年前から、今度はフィンテック（FinTech Financial《フィナンシャル》とTechnology《テクノロジー》を合わせた造語）という言葉が日本でも使われ始めた。スマートフォンでの人物認証《じんぶつにんしょう》でカード決済や、銀行振込がネット経由で即座にできるネットバンクとか、そういう宣伝文句だ。ひとつの国の中の国内での資金の決済制度としては、これは確かに発達するだろう。だが、国境線を自由に越えるネット送金（決済）など、絶対に、国家が許すはずがないのだ。

電子マネー決済は、年々増えていて、2015年は4兆円を超える規模になったそうだ。だから国境線を越えない取引なら許される。マイナンバー制も、そうした金融IT《アイティ》に対応するために導入されたものだ。

政治家を利用してマイナンバー制を導入した税金官僚

マイナンバー制は、40年前から「国民総背番号制が導入される」と騒がれていたものだ。それが遂に名前を変えて実現したのだ。長い間、導入までに議論が続いた。案が出ては廃案に、法案ができては廃案、ということが、ずっと続いた。それがマイナンバー（「私の」ナンバー）などと、ふざけた名前に変わって国会を通ってしまった。大蔵省、現在の財務省は、何とか国民一人ひとりに番号をつけて、個人のお金の出し入れや収入状況までを、すべて一元管理したいのだ。お役人さま、というのは、本当にこういう人の財布の中や下着の中まで覗《のぞ》きたがる、いやらしい連中である。「正しい申告、正しい申告」と、どうして権力者（為政者《いせいしゃ》）というのは、こうも人（国民）の金《かね》を狙うのだろうか。心底、卑《いや》しい根性をしている。

旧民主党の野田佳彦政権が2012年3月、消費税を8%に上げると言い出した。野田佳彦はワルい男だ。その時、貧しい人々のための「給付付き税額控除《こうじょ》（消費税が上がった分、貧乏人にカネを配る）」にする、と野田は言い出した。そのアイデアに「しめた」とばかりに財務省は便乗することにした。

「確かにそのとおりです。困っている方には、お金を配るのがよろしいです。しかしながら、そのためには、まず所得を正しく把握する必要があります。インチキをする人がいては困ります」などと言って、「給付付き税額控除」とワンパックにして、マイナンバー制（法律）の導入を画策した。「困っているみなさんに、正しくお金を配るために番号を振る必要があります」と言って、「正しく配る」という気持ち悪い言葉を使った。そして、まんまと導入に成功したのである。

当初、これに猛反対をしたのは銀行だ。人口1億2千万人の日本に、個人の普通預金の口座が、10億口座あるそうだ。10億口座だ。その既存の口座に、すべてマイナンバーをくっつけて紐付《ひもづ》けして、名寄《なよ》せできるようにするという。これにはとんでもない費用、コストがかかる。

だから「そんな大変な業務は引き受けられない」と言って銀行業界は猛反対した。それに対して財務省は、「心配いりません。銀行口座には、マイナンバーは紐付《ひもづ》けしません。心配しないでください」と言って銀行をなだめた。

ところが、だ。何と、2015年3月頃に、急に態度を変えて「任意で紐付けする」と言い出したのだ。麻生太郎財務大臣が、「3年くらいしたところで、義務化を検討させていただこうかと思っている」と言い出した。だから、2019年度（平成31年度）から、マイナンバーと銀行口座の間の紐付けは義務化されるだろう。紐付けというのはおそろしい言葉だ。「お縄《なわ》を頂戴」で、銀行の口座のお金の動きにマイナンバー制を連動させようという肚《はら》である。当然、銀行やスーパーマーケットのコンピュータのシステム変更だけでも、膨大な仕事量となる。

税金官僚たちのやり口は穢《きたな》い。いったん制度を導入してしまったら、そのあとは「事情が変わったので」と前言を翻《ひるがえ》して改悪する。消費税の時と同じだ。1989年に、消費税の税率3％を導入した時、課税売上が3千万円以下の店は消費税を免税されていた。「ほとんどの零細事業者は消費税なんて関係ないですから」とか言っていた。ところがいったん導入したら、もう知ったことではない。2003年の税制改正で、「売上3千万円から1千万円の店」に課税対象が引き下げられた。やり口はいつもこうである。

マイナンバーは、国に一元管理されるIDになる

諸外国では、一人ひとりがID《アイディ》カード　Identification Card《アイデンティフィケイション カード》を持っている。日本も、この身分証明書で一元的に管理される国になったということだ。身分証明書というと、一体、この〝身分〟というのが何なのかわからない。「自己（自分）証明書」とでも訳すべきか。

これで「本人確認」をするという。「その人がその人であることを確認する」のは役人

（公務員）だ。あっち側が使う言葉だ。自分で自分を、「私は私です」と確認するという話ではない。

役所に行くと、「あなた誰ですか」ということになる。「誰って。俺は俺だ」と騒いでも仕方がない。自分が自分であることを何かしら証明しないといけない。主婦なんか何も証明するものがなかったから、健康保険証を見せた。結局、パスポートか運転免許証を見せろとなる。海外では、アジア諸国もＩＤカードを持っている。だから、日本も国民の一元《いちげん》管理でＩＤカードを持つようになったのだ。

今は、番号だけがついたカードだ。これにＩＣチップと顔写真入りのものを無料で交付すると言っている。今後、ＩＣチップと顔写真入りのカードがないと、日常の取引さえできなくなる時代が来るだろう。

軽減税率で天下り先を確保しようとする官僚たち

マイナンバー制は導入された。それなのに前述した給付付き税額控除、即ち貧しい層に現金を配るという話は、どこかへすっ飛んでしまった。「いいじゃないか、食料品は軽減税率で対応すれば」となった。本当に、税金官僚たちがやりたかったのは、初めからマイ

次の消費税引上げ時の軽減税率の対象品目。線引きは数年ごとに変わるらしい。財務省の思うがまま

10%		8%		
酒類	外食	加工食品（飲料・菓子類）	加工食品	生鮮食品
ビール、焼酎、清酒、ワイン	レストラン、喫茶店、ファストフード（店内で食べる）	炭酸飲料、果実飲料、ケーキ、ビスケット、まんじゅう	パン・麺類、ミックスサラダ、合い挽き肉、チーズ、牛乳（加熱殺菌）、調味料、弁当・総菜	コメ、豆類、野菜、果物、精肉、鶏卵、鮮魚、海藻

「週2回以上発行されている新聞」は、軽減税率の対象となった。日本新聞販売協会が、約244万人の署名と請願書を提出したから例外扱いとなった。

ナンバー制と軽減税率だ。

だけど、出だしから軽減税率と言ってしまうと、マイナンバーの必要性が弱くなる。だからいったんそれを引っ込めて、国会議員たちにマイナンバー制を認めさせた。結果的に、財務省（と国税庁）の思うとおりに事が運んだ。

軽減税率導入なら、従来通り各業界への自分たちの天下り先も確保できる。線引きは一応、決まった。が、最低でも2年に一度は、見直しをするらしい（古賀茂明「週刊現代」2015年11月7日号）。そうなるとあらゆる業種、業界から財務省への陳情合戦が始まる。これで業界ごとの天下り先のポストが確保される。マイナンバー制になれば、すべての取引を国税庁は把握できる。

軽減税率は、2017年（平成29年）4月1日から導入される予定だった。ところが2016年6月1日に、突如、安倍内閣が、消費税10％への引き上げと軽減税率の導入時期を2年先延ばしして、2019年（平成31年）10月からにすると決めた。日本の景気が更にヒドく落ち込むことをアメリカ財務省が察知して、安倍政権に圧力をかけたからだ。アメリカさまが、こういうところまで上から管理している。一敗地《いっぱいち》にまみれて大恥をかいたのは財務省だ。情けないやつらだ。

カネの動きを、インボイス（請求書）ですべて紐《ひも》付《づ》けする

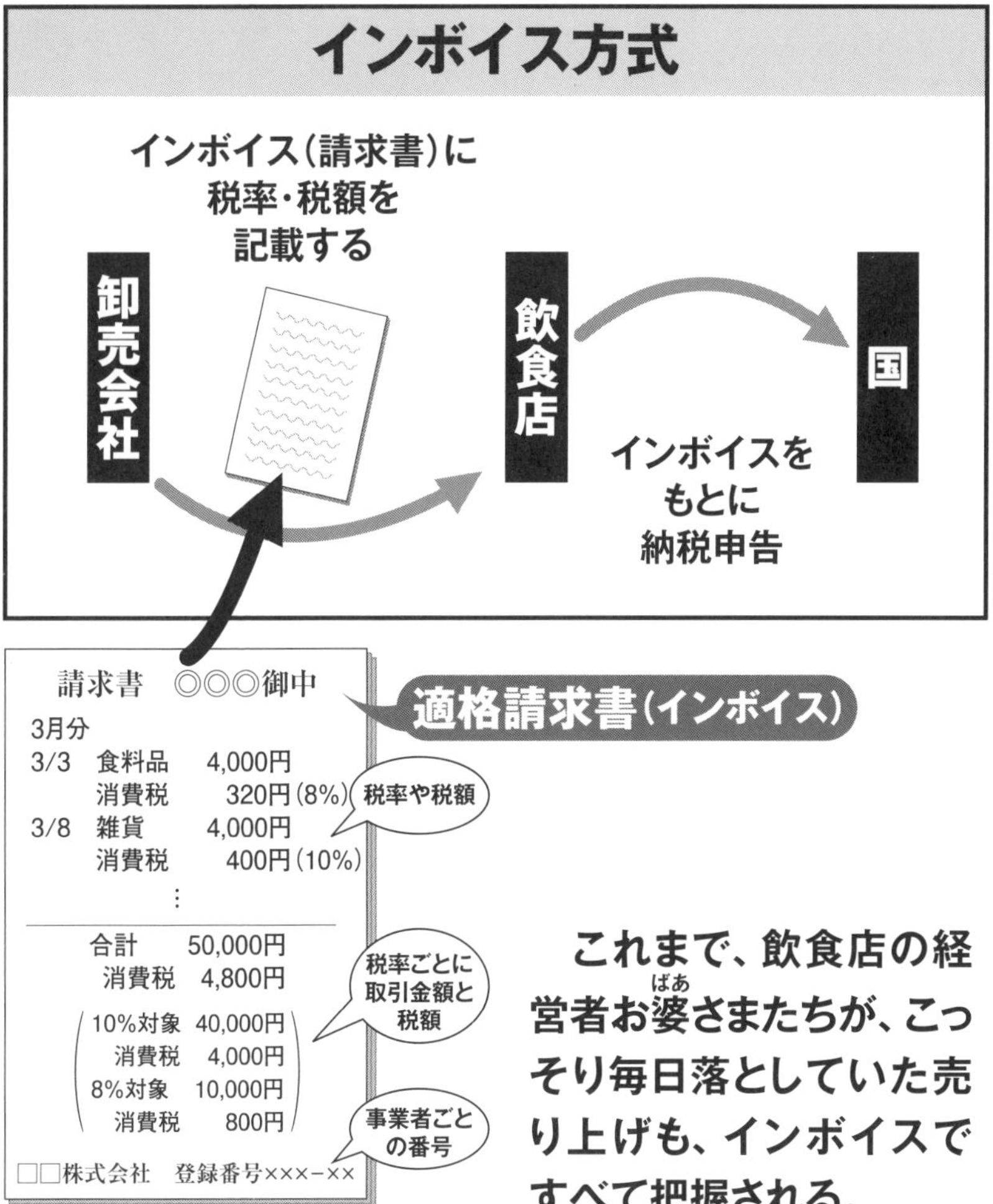

参考：毎日新聞　2015年12月16日

これまで、飲食店の経営者お婆《ばあ》さまたちが、こっそり毎日落としていた売り上げも、インボイスですべて把握される。

消費税法はインボイス（適格請求書）制度に変わる

いまの消費税法は、2021年（平成33年）4月から「インボイス方式」というものに変わる。「適格《てきかく》請求書等保存方式」と正式には言う。

全ての事業者は、取引先に対して、税率ごとの取引額と税額、事業者ごとの登録番号などを明記した「インボイス（適格請求書）」を発行することが義務づけられる。インボイスがないと、仕入《しいれ》税額控除を受けられない。適格請求書発行事業者登録は、2019年（平成31年）4月から始まるという。財務省は、中小企業や商店街の小さな店など、あらゆる店の、すべての取引を把握したくて仕方がない。**ますます日本の景気は悪くなる。**

韓国ではすでに、所定の様式にマイナンバーを付して取引せよ、が決められている。税務署はどんな取引でもすべて名寄《なよ》せで把握できる。

2011年に、韓国では3千500万人の「マイナンバー情報」が流出して（韓国の人口は約5千万人だ）大騒ぎになった。日本でもそういうことは今後起こるだろう。それでも財務省は、すべての取引を把握したくてしたくて仕方がない。

日本では、「帳簿保管制度（請求書等保管方式）」と言うらしい。消費税の計算は、今は自分の領収証とか計算書とかで、自分で計算して帳簿につけている。それが今後は認められなくなっていく。

一つひとつの取引について、税金官僚たちはインボイスを要求する。何月何日に、これこれ、これだけの売り上げが立った、ということを、所定の様式にマイナンバーを付した上でやれ、と言い出しているのだ。本当に書かれたとおりの請求金額を受け取り、払う側に払ってもらったかどうかは、税金官僚たちにとっては知ったことではない。どうでもいいことだ、と居直っている。

基準は請求書の金額だ。それをもとに事業主に課税する。だから将来はマイナンバーがついていないと、取引自体ができなくなるかもしれない。ここまで国家が民間の取引に介入していいものだろうか。

マイナンバー制は、消費税（売上税）ともぴったりとつながる。今のところは大口の預金取引だけを監視している。だがゆくゆくは、税金官僚たちが、国民のあらゆる営み（お金の動き）を微に入り細にわたって把握することが可能になる。

このマイナンバーの対応に、とんでもない手間がかかることが、事業主たちはわかってきた。税理士は、いまやそれが飯の種になっている。「マイナンバー講習」とか事業主たち向けに開いて、それのコンサル業で稼いでいる。税理士はみんな経営コンサルタントになりたくて仕方がない連中だ。できれば経営者のご指南《しなん》役になりたい。それで顧問料を稼

3万人だけ提出した「国外《こくがい》財産調書」。国外に資金を逃がした人たちをつけ狙《ねら》う

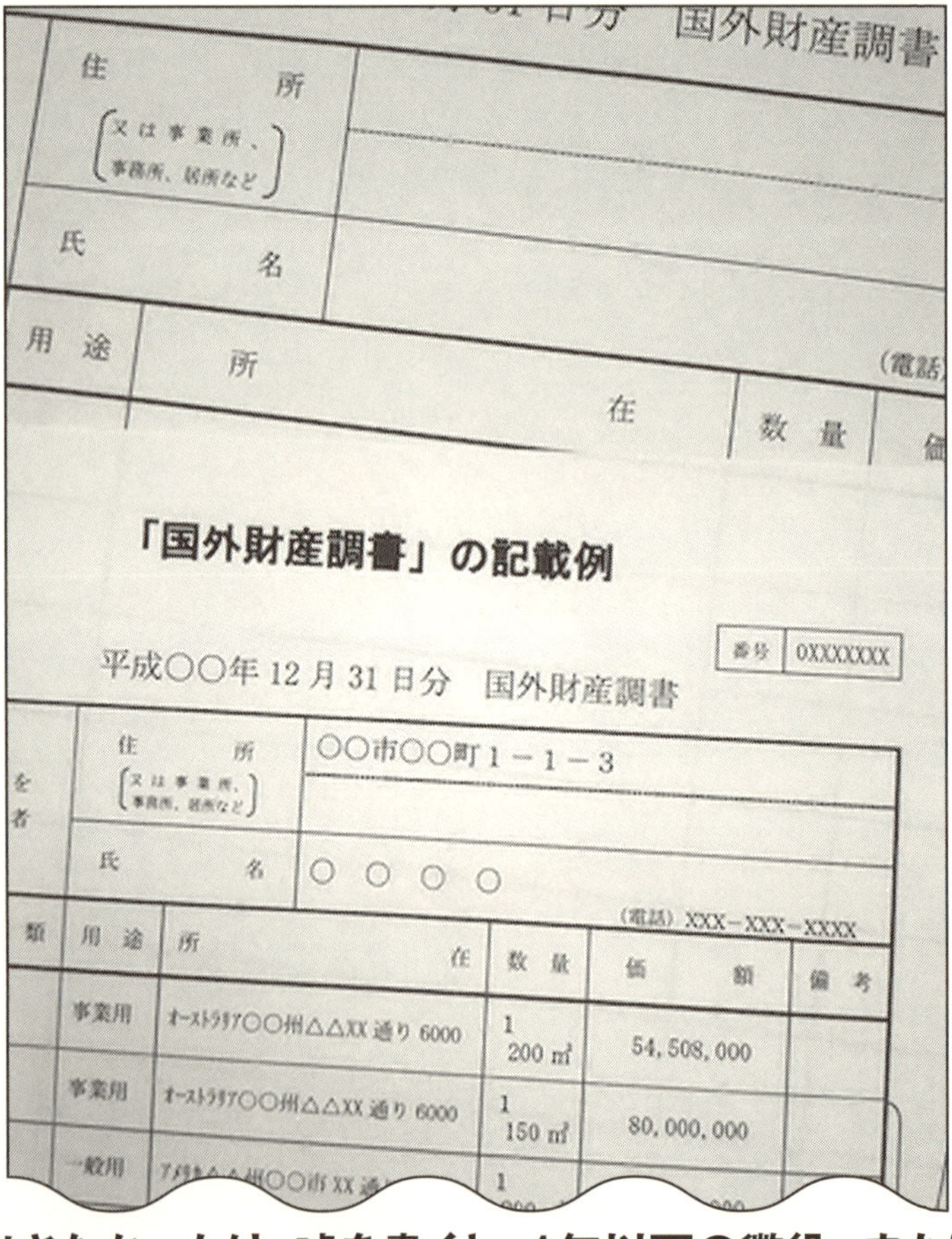

出さなかったり、嘘を書くと、1年以下の懲役、または50万円以下の罰金にすると脅《おど》している。

ぎたい。実際、今、彼らの一部は現にそうやって稼いでいる。

国外財産調書をどうするか

日本国内に住んでいるのに、「海外に5千万円以上の国外財産を持っている人間は、翌年の3月15日までに税務署に提出せよ」という国税庁からの命令が2012年（平成24年）に出た。2014年（平成26年）3月の納税申告の提出期日分から適用されるようになった。

こんな国外財産調書なんかに騙されてはいけない。すべてを正直に書く必要が、どこまであるか。もし書くことになったら、最小限度で書くべきだ。税理士たちは国の手先だから、彼らに相談などしてはいけない。

外国財産調書は、嘘をついたり、出さなかったりすると、「1年以下の懲役、または50万円以下の罰金」に処される。それでも、自分からゲロゲロ吐かないことだ。指摘されたら修正すればいい。きっと数年内に、みせしめで何十億円とかの高額を外国に預金していて申告（提出）していない者たち十数名が摘発されるだろう。みせしめだと誰しも思う。何で、人の金《かね》なのに、国《くに》はどこまでも追いかけてくるのだろうか。アメリカがヤレと言うから、ということもある。

税金官僚の、大企業トップたちへの洗脳についてはあとの方で書く。官僚たちは、金持ちたちが自主的に自己申告することを望む。彼ら税金官僚たちが勝手につくった、国民を苦しめる法律に、何でもかんでも従順に従う必要があるのか。ない。

財産債務明細書にどこまで書くか

金持ちたちは、この10年、毎年、財産債務明細書（略称ザイメイ）というのも書かされてきた。一定以上の高い所得や財産を持つ人に提出を命じている。2015年までは「財産債務明細書（ザイメイ）」と呼んでいたが、2016年からは「財産債務調書」となった。罪名《ざいめい》と同音でマズいという判断があったのだろう。今後は「ザイチョウ」か？

これまでは、「年間の所得が2千万円超」の人に、確定申告の際に、このザイメイを添付させた。

2016年からは、「年間の所得が2千万円」を超え、かつ「合計額が3億円以上の財産」か「1億円以上の国外転出《てんしゅつ》特例対象財産」を有する人に適用される。

一見、提出する対象者が少なくなったように思える。しかし、一旦《いったん》、提出対象者の枠に

「財《ザ》産債《イ》務明《メ》細書《イ》」を「財産債務調書」に変更した。さらに強制力が増した

~税務署からのお知らせ~

「財産債務調書制度」のあらまし

制度の趣旨

平成 27 年度税制改正において、所得税・相続税の申告の適正性を確保する観点から、財産及び債務の明細書を見直し、一定の基準を満たす方に対し、その保有する財産及び債務に係る調書の提出を求める制度が平成 28 年1月から施行されています。

制度の概要等

◎ 財産債務調書を提出しなければならない方

所得税等の確定申告書を提出しなければならない方で、その年分の退職所得を除く各種所得金額の合計額（注1）が 2 千万円を超え、かつ、その年の 12 月 31 日において、その価額の合計額が3億円以上の財産又はその価額の合計額が1億円以上の国外転出特例対象財産（注2）を有する方は、その財産の種類、数量及び価額並びに債務の金額その他必要な事項を記載した財産債務調書を提出しなければなりません。

（注1） 申告分離課税の所得がある場合には、それらの特別控除後の所得金額の合計額を加算した金額です。ただし、①純損失や雑損失の繰越控除、②居住用財産の買換え等の場合の譲渡損失の繰越控除、③特定居住用財産の譲渡損失の繰越控除、④上場株式等に係る譲渡損失の繰越控除、⑤特定中小会社が発行した株式に係る譲渡損失の繰越控除、⑥先物取引の差金等決済に係る損失の繰越控除を受けている場合は、その適用後の金額をいいます。

（注2） 「国外転出特例対象財産」とは、所得税法第 60 条の2第1項に規定する有価証券等並びに同条第2項に規定する未決済信用取引等及び同条第3項に規定する未決済デリバティブ取引に係る権利をいいます。

◎ 財産の価額

出所：国税庁ホームページ　https://www.nta.go.jp/shiraberu/ippanjoho/pamph/hotei/zaisan_saimu/pdf/zaisan_chirashi.pdf

これまでのザイメイ、明細書よりも記載が細かい。「罪《ざい》名《めい》」と重なってマズイよ、ということで変名したのだろう。不動産、現金、預貯金、有価証券、貸付金に加え、美術品、貴金属類、リゾート施設の会員券なども対象になる。

入ってしまうと、これまでは「財産の種類、数量および金額」を記載するだけだった。ところが、これがやたらとこと細かく書かないといけなくなった。

不動産や現金、預貯金、有価証券、貸付金などに加えて、美術品や貴金属類、リゾート施設の会員権も対象となった。国税庁は、より具体的に、細かく金持ちたちの資産状況を把握したい。まったくもってデバガメ野郎たちである。これまでに3万人くらいの金持ちがこれを提出をしているそうだ。

国外財産調書（ガイチョウか？）と前述した財産債務調書（ザイチョウ）の合わせ技で、さらに国税庁の金持ち監視体制は厳しいものになる。用心、用心だ。

不良少年の「関係ねえ」に私は感動した

こういう本当に世知辛《せちがら》い不景気な世の中になって、お上《かみ》の言うことを本当に素直にきく必要が私たちにあるのか、と私は真剣に思う。あいつら、勝手に、どんどんいいかと思って、正義の味方のふりをして、人の首を絞《し》めてくるのだから、そんなのは、蹴飛《けと》ばせばいいと思う。

ばかみたいな話だが、私は不良の中学生、高校生の吐くコトバから、なるほどなあ、と学んだことがある。ご立派な学校教師が、言うことを聞かない不良である生徒に向かって「イエスか、ノーで答えろ」と生徒に言う。「君はちゃんと勉強してるのか」「どうしてきちんと時間を守らないのか。やればできるはずだ」みたいな詰問《きつもん》だ。「何で先生が言ったとおりにやらないのだ」と教師は責める。欧米人の発想だと、こういう時は「はい（イエス）」か「いいえ（ノー）」だ。「ちゃんとやったか」という質問に対して、「はい、やりました」「いいえ、やりませんでした」のどちらかだ。そうやって子供を追い詰めて、逃げられないようにする。

ところが、このとき不良の中学生は、すさまじい返事をした。「関係ねえ」だ。あれは恐ろしいぐらい素晴らしい言葉だ。

「関係ねえ」だ。イエスでもノーでもない。先生（先公）であるお前の質問そのものをオレは受け付けない。お前の存在そのものを認めない。「はい」か「いいえ」で答えることなんかしたくない。だから追い詰められた不良少年は、このとき「関係ねえ」で反撃するのだ。これはものすごく賢い反応だ。俺は、先公であるお前の目の前にいるけど、俺はいないんだと、こういうことである。不良の中学生が必死で生き延びるために吐いた切実なコトバだ。「教師であるあなたからの、宿題を提出（申告）したか、否かに対して、私はその詰問《きつもん》（問《と》い詰《つ》め）そのものを認めない」ということだ。「私にあれこれ命令しないでくれ。私はあなたとは無関係でいたいんだ。私のことは放っておいてくれ」。善人ヅラして、何かエラそうな態度で、私に命令するのはやめてくれ。お前なんか何がそんなにエラいんだ。だから「オレはお前とは関係ねえ」なのである。

ここには私たち大人が生き延びる知恵もある。「いちいちうるさいですねえ。何用《なによう》あってそんなに、人のお金をつけ狙《ねら》うんですか」と一言は税金官僚たちに言ってやるべきだ。この一言が全然言えなければ、相手（税金官僚）が仕掛けてきた関係性に、初めから取り込まれている、ということだ。だから「おまえとは関係ねえよ」という言葉を、金持ちたちも自分の武器にすべきだ。

5 不動産をどうするか問題

田舎の土地は生きているうちに売る

多くの金持ちが、田舎の土地を売却して、東京や大阪の駅前商業ビルに買い替えた。相続税対策である。こうすると、「資産を圧縮《あっしゅく》」して、相続税額を低く、半分ぐらいにできるからだ。田舎の、今さら何の思い入れもない、借り手もつかない不動産（土地・建物）は、相続評価（路線価《ろせんか》でやる）だけが高止まりしたまま、税務署の取りたい放題になっている。

だから相続人である息子、娘たちが相続する前に売り払うべきだ。息子、娘に迷惑がかかる。相続税を手持ちの預金で払えなくなって、オロオロしている資産家が増えている。こんなはずじゃなかった、と、借り手（賃借人《ちんしゃくにん》）のほとんどいないアパートを抱えて、今、多くの金持ちたちが頭を抱えている。税務署は、「そんなボロアパートなんか物納《ぶつのう》されたくない。手持ちの現金だけくれ」と預金《よきん》だけをハナから狙って、それをゴッソリと取り上げる気だ。

不要な不動産はさっさと売って現金に換えて、海外へ持ち出すべきだったのである。だが、もうそれも厳しい。手遅れだ。10年前なら平気でできたことが、もうできない。だから、資産家たちは都会の駅前商業ビル、駅そばのアパートに買い替える動きに出ている。

都心のボロビルなら、まだ値段がつく。価値がある

田舎の駅前ビルや、アパート、土地を残しておくと、子供たちが相続税で困る。税務署は、価値がダダ下がりしている田舎の不動産なのに、平気で高額の税金をかける。だから今のうちに売り払って、都心のビルに買い替えておくべきだ。しかし、都心のボロビルでも借り手が減っている。

そうしたら、資産の圧縮や、資産の見直しになる。これで税額評価がだいたい3分の1になる。会社が倒産して10億円ある負債を、4億円に減らすときも「圧縮」を使う。

都心の中古ビルに買い替えると、商業資産になって、ただの土地、家屋の時よりも、3分の1の評価額になる。相続税評価のときに、はっきり値段が出ているから、税務署はその金額をそのまま認めてくれる。だから都心の中古の不動産が売れている。中国人や台湾人、韓国人も買いにきた。これで「不動産の価格が上昇、故に景気は回復しつつある」と全くウソの発表を安倍政権はやっている。

田舎に下手に不動産を残しておくと、相続人となる子供たちが本当に相続税で困る。昔、合計20億円したアパートを、田舎に10棟《とう》とか持っていると、相続の際に、税務署（の資産課税課）は「はい、これは20億円の資産ですね」と言って、平気で高額の税金をふっかけてくる。実際には、今はもうその土地にそんな価値はなく、「半分で売れるか」さえわからない。今や4分の1の5億円しかないだろう。それなのに税務署は、「評価額は20億円です」と鬼のようなことを言ってくる。こいつらの根性は腐っていて、キタナい。高額の税金を取ってやるの一点張りで、そのように上からしつけられ（洗脳され）ているから、残酷にやってくる。だから、今のうちに売って、あるいは別のに買い替えて今の資産額をはっきりさせておいた方がいい。いったん税務署に付け狙われたら、蛇に狙われたネズミ

不動産の相続税の評価は路《ろ》線《せん》価《か》で決める。国税庁HPに全国すべての路線価が載っている

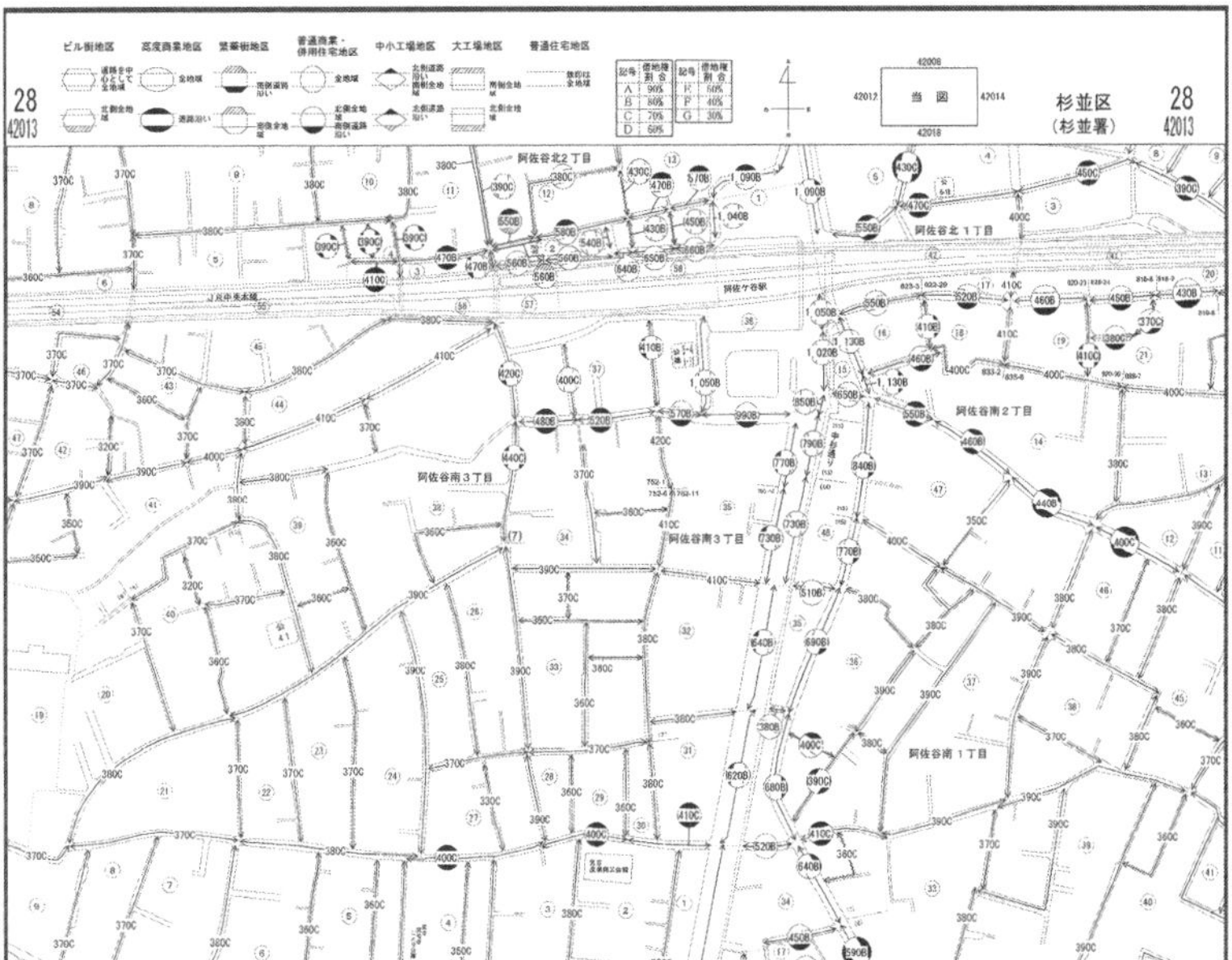

出所：国税庁ホームページhttp://www.rosenka.nta.go.jp

路線（道路）に面する宅地の1㎡当たりの価格が路線価である。時価（実勢価格）よりもずっと高止まりしたままだ。固定資産税（不動産の保有税。地方税である）を決める「都道府県課税台帳《だいちよう》法」の価格も引き下げない。公務員たちを喰べさせる原資《げんし》だからである。

のように、確実に、税務調査で取られてゆく。

こうした田舎の不動産を今のうちになんとか売って、東京の5億円の5階建てのボロビルに買い替えておくべきだ。そうすると、その5億円にかかる相続税で、だいたい1億円ぐらいで済む。だから日本の田舎がますますシャッター通りになって、ますます疲弊している。東京と大阪と名古屋だけは、日本の玄関口だから、立派そうに、きれいそうにしている。日本政府もそれを狙っている。

東京23区のかつては高級住宅街だった世田谷区のはずれの尾山台《おやまだい》とか等々力《とどろき》とか、行ってみてください。私は行ってみた。都心から電車で50分くらいで、立派なお屋敷街と言われていたけれども、歩いてみると、まるで片田舎の商店街みたいだ。人が歩いていない。駅前通りも全く活気がない。おそらく、あの大きくて立派な家々の中で、老人夫婦が静かに寝ているのだと思う。東京のかつての一応、高級住宅街だったところがそこまで来ている。同じ東京でも、ちょっと外《はず》れると、地価が無限に下がっている。

これが今の大不況の本当の現実だ。今はもう土地や不動産にいい値段がつかない時代だ。みんな貧乏になってしまって、資産家層までが追い詰められてきた。それでも一応、住宅街であれば、坪（3・3㎡）30万円や坪50万円はする。

だが代々の農家は大切な農地を売るわけにはいかない。農地の場合は、ものすごく相続税が安い。無いに等しい。偽装《ぎそう》農地と言われても、そのまま放っておくのがいい。だから、建設会社と銀行に騙《だま》されて建てさせられたアパートの方を整理するべきだ。そのまま賃貸アパートを何軒も持っていたら大変な相続税がかかってくる。**不動産は足が生《は》えて逃げられない**から、完全に捕捉されるから相続税で狙われる。だから、やっぱり都会の商業ビルに替えなければいけない。そのまま現金や金《きん》や株券で持っていたら、えらいことになる。それをガッポリやられる。税務署の思うツボだ。5階建てのボロビルに替えればかなりの資産圧縮ができる。

これらのことは私よりも、皆さんの方が知っているだろう。

路線価のどうしようもないひどさ

土地の値段は、東京と地方の差がますます大きくなっている。地方の土地は投げ売り状態が続いている。日本の土地の値段は、(1)時価《じか》(実勢価格)(2)路線価《ろせんか》(3)土地公示《こうじ》価格 (4)固定資産税課税台帳《かぜいだいちょう》の価格 の4つある。昔から「地価の四価」と言ってバカにされている。それぞれ省の縄張りだから改善できない。(1)の時価(実勢価格)でやるべきなのだ。(2)の路線価は財務省。(3)の土地公示価格は国土交通省。

（4）の固定資産税課税台帳の価格は、市町村を上から支配している総務省が決めている。
これらの中では、相続税額を決める時に使う（2）の路線価《ろせんか》がいちばん力を持っている。路線価は、毎年7月頃、国税庁が発表する。今はホームページ上で詳しく全国どこの土地でも公開されているから分かる。この何十年、ほとんど価格を変えない。その決め方がひどい。道路に面している部分に、「1㎡あたり5万円」とかの数字がついている。

今ではもう（1）の時価《じか》（実勢価格）より高いところが山ほどある。このことが当たり前になっている。税金官僚たちは、税金を取りたい、取りたい、取りたい、の一心だ。だから、実勢価格に合わせて、今よりも半分ぐらいに全面的に引き下げるべきなのだ。それをやらない。「国《くに》の財政赤字がひどいから」ということで、何十年も変えないのだ。市場価格を無視したことをやっていて、恥《はじ》とも思っていない。おかしな連中である。「役所は強いんだ。お役人さま（公務員）は法律を握っているから強いんだ」という感じである。このことを誰も公然と批判しなくなった。だからますます、彼らはつけあがる。
（3）の公示価格が高止まりし、（2）の路線価が高止まりしている。そのように計画的にいじくっている。その結果、なんと（1）の時価（実勢価格）が、路線価の3分の1になっている場合が多い。相続税は、路線価でかける。田舎に大きな土地とか持っていると

路線価が都市部では上昇している

(単位:%)

	2015年分	2014年分
全国	▲0.4	▲0.7

	2015年分	2014年分		2015年分	2014年分
宮城県	2.5	2.4	愛知県	1	1.2
福島県	2.3	0.8	滋賀県	0	▲0.1
埼玉県	0.1	0.1	京都府	0.1	▲0.2
千葉県	0.3	0.1	大阪府	0.5	0.3
東京都	2.1	1.8	福岡県	0	0.6
神奈川県	0.6	0.8	沖縄県	0.3	0

	2015年分	2014年分		2015年分	2014年分		2015年分	2014年分
北海道	▲1.1	▲0.6	石川県	▲1.5	▲2.4	山口県	▲2.7	▲3.2
青森県	▲2.9	▲4.0	福井県	▲2.4	▲2.9	徳島県	▲1.1	▲3.3
岩手県	▲1.4	▲1.7	岐阜県	▲1.1	▲1.8	香川県	▲2.4	▲3.9
秋田県	▲4.6	▲4.8	静岡県	▲0.9	▲1.1	愛媛県	▲2.6	▲2.7
山形県	▲1.6	▲2.2	三重県	▲1.7	▲1.9	高知県	▲2.1	▲3.6
茨城県	▲1.7	▲2.6	兵庫県	▲0.7	▲0.8	佐賀県	▲3.5	▲3.9
栃木県	▲2.1	▲2.6	奈良県	▲0.6	▲0.7	長崎県	▲1.0	▲2.1
群馬県	▲1.9	▲3.3	和歌山県	▲2.7	▲3.4	熊本県	▲0.8	▲1.0
新潟県	▲2.0	▲2.0	鳥取県	▲3.6	▲4.2	大分県	▲2.0	▲1.9
長野県	▲1.9	▲2.4	島根県	▲2.9	▲2.8	宮崎県	▲2.5	▲1.5
山梨県	▲2.6	▲3.1	岡山県	▲0.5	▲1.0	鹿児島県	▲3.4	▲2.3
富山県	▲0.9	▲0.9	広島県	▲0.9	▲1.5			

出所：日本経済新聞　2015年7月1日(水)

標準宅地の対前年比での変動率を示したもの。▲はマイナスで下落。路線価が上がれば税金も増える。

税金でがっぽり取られる。ほとんど召し上げだ。どんな田舎でも、駅から歩いて5分、10分の土地ならまだいい。価格がつく。しかし今は値段が出ないところが多い。地震と大津波の問題もある。それなのに財務省は路線価を全く変えようとしない。

だから田舎にある不要な土地や家は早く投げ捨てるしかない。叩き売ってでも、都会のボロビル不動産に替えておく。ただし、賃借人（店子《たなこ》）がいて、確実に家賃（レント）収入があるものでなければいけない。

実際には全く借り手がいないので、物件（不動産）に買い手がつかない問題がある。いくら値段を落としても買い手がつかない。結局、売却がかなわぬまま、父親（被《ひ》相続人という）が死んでしまうこともある。そういう場合、息子、娘たちが本当に困る。

たとえば、実勢価格は1億円の土地なのに、路線価が3億円だとする。そうすると、3億円の評価で相続税がかかってくる。半分の1・5億円とかの税金がくるのだ。バカげた話である。それで、そんな税金はとても払えません、となる。「そんな土地はいりませんから、国が勝手に持って行って下さい」となる。「相続なんかしません」と子供が相続放棄する事例が増えている。「払え」「払えないからいらない」のおしあいへしあいが何カ月も続く。そのあと、国（税務署）は困ってしまって、「それなら物納ということで引き取ります」となる。

このような事例がたくさん出ている。2015年1月から「相続税の基礎控除の見直し（基礎控除の5千万円を3千万円に引き下げた）」という、重税をやった報《むく》いが出てきている。

「物納《ぶつのう》」という制度とは、財務省が勝手に3億円という値段をつけたのだから、その土地そのもので納めます、という制度だ。財務省が3億円という値段で引き取らざるを得なくなる。

物納はなかなか受け付けない。税金官僚たちの言い分はこうだ。「納税というのは、現金納付が原則である。物納は例外中の例外である。その例外を認めるか認めないかについては、税務当局に幅広い裁量権がある」と。これで居直って、税務署はやっぱり小《こ》金持ちたちの金融資産の方を狙ってくる。預金通帳から株から何から、予《あらかじ》め全部調べ上げてから来る。そして、結局、そのボロの土地だけを残して、有り金をすべて持って行く。本当だ。だから息子や娘たちの相続放棄が現に増えている。相続放棄どころか、関係者が行方不明になる事件も多い。こうなると、その後《あと》の処理は20年ぐらい放ったらかしたあと、結局、「倒壊の恐れのある古い建物を放置するのは危険」だということで、自治体が苦しい財政の中からやるしかない。ここまで悲惨な状況だ。

今、狙われているのは、やっぱり小《こ》金持ちたちのお金だ。10億円以上の大金持ちはほとんど外国に逃げた。だから次は、順番からすると、5億円以下の小金持ちたちだ。彼ら、即ち皆さんが狙われているのだ。

私は元大臣をしていた政治家から直接話を聞いた。「財務省は、小資産家のお金を狙っている。そのように財務省のやつらが言っていたよ。あいつらは、逃げられないから、とはっきり言ったよ」と私に語ってくれた。ただし、取り上げるのは金融資産だけだ。土地は処分するのが面倒だから要《い》らない。町中《まちなか》の物件なら、自治体（市町村）に払い下げて公園にでもするしかない。

タワーマンション節税やアパート経営などやめる

タワーレジデンス（高層アパート）を使った相続税の節税が最近まで注目を集めていた。しかし税理士が薦めるような節税策は、国税庁がすぐに目をつける。当たり前だ。新聞記事を載せる。すでに、2018年以降の20階建て以上の新築高層マンションは、固定資産税と相続税を引き上げる方針が決まった（2016年10月）。税務署が「タワーマンションを使った節税」に課税強化で封じ込めに出てきたのは、2015年末のことだ。

●「タワーマンション使った節税、国税庁『チェック厳しく』」

タワーマンションを使った相続税の節税をめぐり、国税庁が行きすぎた節税策がないかチェックを厳しくするよう、全国の国税局（引用者註。国税局は、沖縄県を入れて全国を12に分けて管轄している）に指示したことがわかった。（中略）

◆「その6億円、税金ゼロで息子さんに…」節税ブーム

相続税を算出するための「財産評価基本通達」によると、マンションは土地と建物を分けて評価する。土地は、敷地全体を戸数で分けるので、各戸の持ち分は小さい。一方で建物は、同じ床面積なら階数が違っても評価は変わらない。（そうすると）人気の高層階ほど時価と（相続税の）評価額の開きが大きくなる。この差額の節税効果を狙ってタワーマンションを買う富裕層が増えているという。

国税庁が2013年までの3年間を調べると、（たとえば）評価額が約3600万円の物件が約1億円で売られるなど、343件の平均で売値（時価）が評価額の3倍を超えていた。（後略）

（2015年11月3日　朝日新聞、傍点引用者）

こうした賃貸用の不動産や、初めから投資用の物件として買った「タワーマンションでの節税」が行なわれている。もっぱら都会の中心部で、商業地区内の物件だ。この記事で

「相続後、1億円でただちに売却」ということは、この高層アパート（タワーレジデンス）の評価は3千600万円だったのだから、相続税はその半分として1千800万円である。この物件の新築での購入代金（価格）は、7千万円ぐらいだったはずだ。相続税1千800万円を払っても差し引きで1千200万円の儲け（しかしこの中に譲渡税や業者手数料が入っている）となる。たった1千万円の不動産売買益しか残らない。実際には利益（儲け）なんか出はしない。ただの転売、買い替えだ。こんなものにまで、目を光らせるというのは国税庁というのは、よっぽどの社会主義者で、「投資のうまみ」など、絶対に禁圧してやる、という資本主義否定の精神で貫かれた連中である。景気がよくならないはずだ。

総じて、「アパート経営で節税」などという話には乗らないことだ。いまどきアパート経営用物件で、新たに利益を出せるのは、よっぽどのプロの業者だ。ふつうのアパート経営（大家さん）は、青息吐息で、収支トントンで利益なんか出ていない。

サラリーマンが、資産運用で利益が出るアパート経営なんかを勧められて、それに引っかかった人は、1990年代からたくさんいる。いくら年収2千万円の高給取りのサラリーマンだと言って、元々、親譲りの土地も持たないのに、1億円の（ボロ）アパートを買わされて、「あなたも大家さん」などと、業者に騙されて「住宅ローンの分が、全額経費で認められて所得税が減りますよ」だけを蜜《みつ》の味にされて、結局、大損してヒドい目に遭うのだ。20年前には、これを「ワンルームマンション投資」と言った。

資産家が手持ちのアパートを建てた時には新築の、上物《うわもの》（建築物）の値段は3億円したそうだが、半分も借り手がつかないという。土地の評価は駅近で1億円だ。手持ちの老後の資金で建てたのに、アパート代が入らない。建てた建設会社は「家賃保証」で「借り人をちゃんと見つけます」などと言ってアパートを建てさせる。銀行もグルで金を貸す。それなのに家賃保証なんかウソ八百で結局、知らん顔で逃げ回る。この資産家のお爺さんは「訴える」と言って騒いだけれども、裁判なんかしたって弁護士費用とか書類づくりとかで苦労（心労）ばっかりたたって、裁判所はまともに相手にしない（月に1回、呼び出されるだけ）から何の意味もない。誰も同情なんかしてくれない。

「アパート経営で資産形成」などという話で人を騙して儲かっているのは、建設会社と銀行だけだ。どんどんアパートばっかり日本全国に造らせて、そして、賃借人がいない。建築費の借金だけが残る。月の家賃が2万円というアパートが増えている。壊そうにも壊せない。土地に上物《うわもの》のアパートが建っていれば、固定資産税が6分の1になる。確かにそうだ。壊したら固定資産税が元に戻って6倍になる。だから幽霊アパートになってしまう。日本全国でアパート（マンション）だけで400万室が空いているらしい。

この事態に資産家たちは困っている。が、それを相続することになる息子や娘たちも心配して、騒ぎ出している。

借り手がつかない駅前商業ビル、アパート、マンション

駅前商業ビルやらアパート、賃貸しマンションでも借り手がつかない。駅前の立派な商業ビルで、アメリカでは、もうすでに20年前から起きていたことだが、「2年間家賃はいりません。どうぞこのビルの1階で立派なレストランを開業してください。礼金も敷金もいりません」と大家が言いだしている。

なぜなら、立派なビルの1階が空いているとみっともないからだ。下が埋まらないと、上の階の賃借り人たちが嫌がる。だから「1階（店舗用）は3年目から家賃を払ってもらえればいいです」という事態が発生している。家賃60万円の事務所（オフィス）用を、賃借り人から「もっと安いところに移ります」と言われれば、大家は「わかった。30万円に下げるからどうか今のままいてください」という交渉ごとになっている。

●「アパート空室率　首都圏で急上昇　相続税対策で建設が増え」

首都圏のアパートの空室率《あきしつりつ》が悪化している。不動産調査会社のタス（東京・中央区）が5月31日に発表した統計によると、3月の神奈川県の空室率は、35・54％と2004年に調査を始めて以来、初めて35％台に上昇した。東京23区や千葉県でも空室率の適正水準とされる30％を3〜4ポイントほど上回っている。相続税対策でアパートの建設が急増したものの、入居者の確保が追いついていない。

（中略）

首都圏でアパートの空室率が急速に悪化したのは15年夏ごろから。15年の相続増税にともない「アパートの建設需要が盛り上がり、空室率が急速に悪化した」（タス）。アパートの建設費用は、家賃収入で賄《まかな》うのが一般的だ。空室率が高いと、想定した賃料収入に満たず、多額の建設費用をオーナーが抱えるリスクがある。

アパートの開発事業者は、旺盛な建設需要に押されて、営業活動に引き続き力を入れている。住友林業は全国の支店の営業・設計業務を支援するチームを4月に設立した。大東建託《だいとうけんたく》は、営業人員を20年に約4千人と16年と比べて1割強増やす計画だ。

（日本経済新聞　2016年6月1日、傍点引用者）

この「相続税対策でのアパート建設の急増」というのは、一昨年（2015年）からの隠れた社会現象になっていた。「土地のまま持っていたら相続税が大変だよ。賃貸《ちんたい》用物件を建てれば評価が6分の1になる」を合い言葉に、全国で大都市近郊の小《しょう》資産家たちが、一斉にアパートを建て始めた。

そして、借り手がつかない。2017年の今は、このブーム（熱狂）が、オーバーキル（過剰）状態になって、過熱したまま、「こんなことをやっていて大丈夫なのか」という反省期に入っている。それでも業者と銀行は、この人騙しの営業をやめようとしない。自分たちが詐欺師に転落している、という自覚はある。が、これしか他に、やりようがないと思っている。即ち、大都市周辺の土地持ち、元農家の小《しょう》資産家たちを騙《だま》して、結局、大損させることになると分かっても、これで業者が食いつなぐしかない、と肚《はら》をくくっている。異様な光景だ。

今や、新たに縦貫道《じゅうかんどう》などの立派な道路が出来たそばの町村までが、公共事業の補償金で何億円も入ったものだから、町全体で、賃貸アパートを建てるブームが起きているところがある。

お金がありそうな小《しょう》資産家たちのところには、建築業者と銀行や農協がグルになっておしかけている。入居者もいなくて、家賃収入も見込めないのに、アパートだけを建てさせる。

ある80代の小資産家のお婆さまの家に、農協職員と建築会社の営業マンが一緒になって訪ねてきて、アパートの建設を熱心に勧めたという。そのお婆さまは前向きに考えようと思いつつ、「検討します」とその日は答えた。農協職員と建築会社の営業マンは帰って行った。

その数日後、まだ婆さまが何も返事もしていないうちに、建築会社の職員が、お婆さまがいない留守時を狙って、人様の庭へ勝手に入って、地質調査をしたという。近所の人が見ていて発覚した。婆さまは驚いて、営業マンに問いただすと、菓子折りを持って謝りにきたという。顛末書を書かせたところ、その営業マン1人のミスによって起きた、という内容だったため、建築会社（と一緒に来た農協職員）に不信感が募った。それで結局、アパート建築はやめた。やれやれ騙されずに済んだ、という話なのだが、建築会社のがっつきぶりは異様である。当然、1人の営業マンがやった話などではない。新聞記事にもあったように、「(建築業者と銀行がグルになって作り出した）旺盛な建設需要」に合わせて、会社全体で「営業活動に力を入れた」結果である。

フリー・レントとマイナス金利はよく似ている

　せっかく建てたアパートや商業ビルを空けておくわけにいかない。だから、これをフリー・レント（家賃タダ制度）というのだけれども、「2年間、家賃はいりません」と借り主（入居者）を募ることは、実際に相当たくさんある。アメリカで起きたことが日本でも起きている。

　マイナス金利とよく似ている。金利が0％を割って、銀行が預金に利子を払うどころか、銀行が「預かってやる手数料を取る」と言いだしている。これがマイナス金利だ。世の中がひっくり返ってきた。手数料なら100万円預けて年1万円が限度だろう（年率1％）。それぐらい今は世界的に先進国は景気が悪いということだ。景気が悪すぎるからマイナス金利になったのだとも言える。

　ヨーロッパ人たちは、それでも自分の手元に置いているよりは銀行に預けておいたほうがいい、管理手数料、保管料をとられてもいいとなっている。日本の資産家も、ちょっとくらい手数料をマイナス金利として払ったとしても、銀行にやっぱり預けておくべきだと思う人が8割以上だろう。だが、その手数料がかさむようになれば、怒って預金を引き出す人は増える。

このマイナス金利はまず欧米の先進国で実際起きた。そして日本がそれに続いた。一番、早かったのはスイスとスウェーデンなどの北欧諸国だ。拙著『マイナス金利「税」で凍りつく日本経済』(徳間書店、2016年4月刊)を読んでください。

不動産鑑定士というひどい商売

土地と建物に値段をつける仕事をしている不動産鑑定士という商売がある。国家のお免状でできている「士《さむらい》」商売である。税理「士」と同じだ。1回の不動産鑑定で300万円とか平気で取る。相続する土地の値段が、時価(実勢価格)よりも路線価の方が著しく高い場合は、この不動産鑑定士の評価を付けて文句を言うことができる。ただしこの300万円を払わないといけない。

国税庁はこんなイヤらしい手口を使うのだ。不動産鑑定士という、自分たちの子分を間《あいだ》に咬《か》ませることによって、納税者(資産家)が、自分たち役人に、直接不満をぶつけてくることを阻止しようとする。

この他に、土地建物を巡る裁判とかの争いになると、どうしてもこの不動産鑑定士が出てくる。裁判所が、そのように「鑑定士に公正な価格をつけてもらうように。それがないと裁判（判決）しない」と紛争当事者の双方に言い渡すからだ。一族同士での相続争いが起きたときも、「相続分割するその土地、建物の値段をどう決めるか」のところで、折り合いがつかなければ裁判になってしまう。

それで、士《さむらい》商売の不動産鑑定士の出番となる。相続を巡る骨肉の争いとなる当事者（本人）たちにとっても、一族（親戚《しんせき》一同）にとっても大変なもめ事になってしまう。この間《かん》、税務署はどうするか、というと、じっと見ている。そしてその争いの間に一族のボロが出て、隠してあったあれこれの資産まで出てくるのを、舌なめずりをして見ている。そのあと襲いかかる。

実勢価格（時価）が1億円の土地なのに、国《くに》（国税庁）の路線価が3億円などと付けられていれば、国《くに》と争うために不動産鑑定士を雇ってもペイできる。税率5割だとして、税金は5000万円だから1億円も違ってくる。それならやってみようか、となる。しかし税務署の資産課税課に、書類をそろえて不服申し立てをしても、実際それだけのメリットが出るかはわからない。

不動産鑑定士は税理士と同じだ。どうしても役所（税務署）の味方をする。国《くに》からもらっているお免状（バッジ）だから、国にヘコヘコする。「おまえ、そのバッジを外《はず》したいか。そんなに依頼人の肩ばかり持っていいのか」と役所に脅されたら、震え上がってフニャフニャになる。公認会計士もそうだ。弁護士はまだ少し闘えるが、彼らも上《うえ》(法務省や裁判所)からの締め付けが、どんどんきつくなっている。

医者と弁護士、官僚(上級公務員)の三者は、若い頃お勉強ができただけの人たちで、本当はもう世の中の害毒になっている。医者はやらなくてもいい手術ばっかりいっぱいやっている。あとは余計なクスリばっかり大量に飲ませる。弁護士も裁判官の手先のようになる。そうしないと食べていけないからだ。

今や年収400万円しかないような弁護士が1万人以上いるそうだ(全部で4万人のうち)。弁護士が「裁判をやりましょう」と言って、着手金の30万円だけしか取れない。客も貧乏だから払えない。着手金弁護士《ちゃくしゅきんべんごし》と呼ばれて、業界でバカにし合っている。それで何年も放ったらかして、ずるずる裁判をやる。弁護士で儲かるのは一部の大企業の顧問弁護士くらいだ。彼らは明らかにワルである。

結局、税金官僚たちが作った実態とはかけ離れた、国が税金を取りたいがためだけに付けている路線価や課税台帳法という相続税と固定資産税基準に、小金持ちは唯々諾々《いいだくだく》と従っている。どうしても税金を払いたくないなら、相手が誰でも、「こんな土地は1億円でしか売れないんだ」とわめき続けて、騒ぎ続けるしかない。

税務署はいったん税額を決めたら、自分たちのメンツのために引き下がらない。払う金《かね》が本当にない、と税務署が見たら、本当の本当は値下げ（減額）してくる。だから相続が発生する（父親、母親が死ぬ）前に、売り払ってカタを付けておくのがいいのだ。

6 現金をどうするか

日本のデフレは続く。現金が大事だ

今の日本はひどいデフレ（大不況）のままだ。このデフレはまだまだ続く。安倍政権なんか、何もいい政策をやらなかった大失敗内閣だ。まだまだ世の中はデフレのままだ。その象徴がマイナス金利である。金利がゼロを割って、底が抜けて世の中がひっくり返ってしまったようになっている。一体、何が起きているのか専門家もわからない。アメリカと自民党に脳をやられたまま、「そのうち景気は回復する」と、夢だけをつないでいる経営者や資産家たちがたくさんいる。しかしそれは幻想だ。

デフレ経済では現金がなによりも強い。現金があれば何でも買える。何にでも換えられる。物価は、日常食品を除いて、下がり続けるから現金に力がある。日本はまだまだ不況、即ちデフレが続く。だから現金が大事だ。

4年前の2013年3月末、黒田《くろだ》東彦《はるひこ》日銀総裁は、「世の中に出回るお金の量を2倍にし、2年で、2％の物価上昇率を達成する」「2倍、2年、2％」と言った。しかしデフレは全く解消しなかった。景気はよくならない。国民生活は冷えきったまま、貧乏な感じがあたり一面に漂っている。見るからに贅沢な感じの暮らしをしている人は全くいない。金持ち層もチマチマと堅実に暮らしている。

“黒田日銀”総裁の“マイナス金利”焦土《しょうど》作戦はまだ続く。国債の金利（利回り《イールド》）が上がるのだけが恐《こわ》い

写真：共同通信社

本心は「この国を焼け野が原にしてもいい。外国のヘッジファンドたちを日本に攻め込まさせるな」だ。焦土《しょうど》作戦《さくせん》（scorched-earth policy《スコーチド アース ポリシー》）である。これがマイナス金利政策の真意。日本国債さえ守れれば、国民はどうなってもいい。

官製相場で株価がつり上げられただけだ。インフレにならなかった。もう20年も、日本はひどい不景気が続いている。責任を取ろうとしない政府に国民は騙《だま》されているのだ。実体経済《リアル・エコノミー》は全くよくならない。あとで詳しく説明するが、お札《さつ》と国債《ナショナル・ボンド》をいっぱい刷って、市中に撒《ま》けばインフレになる、景気は回復する、などということは遂になかった。政策の大失敗だ。

それでアメリカは２０１７年から、ドナルド・トランプという恐ろしい経営者（巨大不動産業者）上がりが当選して大統領になった。トランプは、これまでの金融政策《マネタリー・ポリシー》（ジャブジャブ・マネー）一点張りのやり方をやめる。トランプは大物経営者（実業家）だから、ガンガン全く新しい手口で、アメリカ経済を立て直す。これまでの「官僚たちによる政治」を全廃する。

それにひきかえ、日本の政治と政策は、全く変わろうとしない。アメリカがガラリと変わるのに、日本の経済政策《エコノミック・ポリシー》は全く変化なしだ。黒田日銀総裁が、これまでどおり期待（予想）インフレ率を2％にする、達成目標にする、とまだ言っている。

●日銀、量から金利に枠組み修正　黒田総裁「テーパリングでない」

日銀は、20日～21日の金融政策決定会合で過去3年半の大規模な金融緩和の「総

> 括的な検証」を行なった結果、金融緩和の度合いをこれまでのマネタリーベース（資金供給量）から利回り曲線（イールドカーブ）に変更する大幅な枠組みの修正に踏み切った。
>
> 従来の年間80兆円もの巨額国債買い入れは、1～2年中の行き詰まりが必至なうえ、超長期金利の過度な低下が金融機関などの収益圧迫要因となったのを踏まえた苦渋の選択だ。ただし政策の持続性と柔軟性は確保されたため、市場は円安・株高で反応した。（中略）
>
> **◆マネタリーベース目標は撤回、拡大方針は継続**
>
> また金融政策運営の枠組みの量から金利への変更に伴い、これまでのマネタリーベースを年間80兆円増加させる目標を撤回した。もっとも、目標とする物価が実績として2%を超えるまで「マネタリーベースの拡大方針を継続する」との新たなコミットメントを導入した。（後略）
>
> （2016年9月21日　ロイター、傍点引用者）

全く代わり映えなし、だ。黒田総裁は、期待インフレ率の2%上昇を実現するためにマイナス金利を導入しました、とか、追加緩和もやりました、と言う。そうしたら景気回復基調になります、などと言っているが、本心はちっともそんなことは思っていない。インフレには少しもならない。この政策自体が嘘だ。

黒田日銀総裁と財務省は、本心では、「日本はもっと景気が悪くなっていい」という考えで動いている。まさか、そんなことがあるか、と皆は思う。1年前の2016年1月29日に、黒田日銀が発表した「マイナス金利」の真意は何か?

大量に発行した日本国債の信用が下落しないこと、この一点だ。国債の信用崩壊(長期金利の暴騰《ぼうとう》)は国家の信用の崩壊となる。これさえ起きなければいい。黒田日銀と財務省は、この国を焼け野が原にして、どこまでも景気を冷やして他はどうでもいい、という考え方だ。これを焦土作戦《しょうど》 scorched-earth policy《スコーチド・アース・ポリシー》という。自分の国を焼け野原にして、外国のヘッジファンド(国際投機筋《とうきすじ》)が、日本国債の暴落を仕掛けて、日本に攻め込むことをさせるな、という考えだ。不景気で国民の1割、2割が干上《ひあ》がって収入をなくして、貧困状態に落ちてもかまわないと、黒田日銀と財務省は本気で思っている。

それぐらいの残酷さがないと、為政者《いせいしゃ》(政策立案《りつあん》、実行者)というものは、やってゆけない、という考えである。悪人になりつくして、国民(従業員の感じ)に嫌われるイヤなことをやって、初めて一人前の経営者、即ち国家経営者だ、という思想で動いている。これは大人の思想だ。全体のために責任を取り、従業員や取引先に嫌われる。それで何とか

イタリアの最近の「取り付け」騒ぎ。日本でも数年後にはどうせ起きる

"SHEAR《シエナ》 PANIC《パニック》!" Bank《バンク》 Runs《ランズ》 have《ハヴ》 begun《ビガン》 in《イン》 Italy《イタリー》!

Post by Newsroom - Jan 21, 2016

出典：News room 2016年1月21日
https://www.superstation95.com/index.php/world/796

2016年1月21日。イタリア3位のモンテ・デイ・パスキ・ディ・シエナ銀行に、預金者が殺到。伊の銀行機能はすでに半分麻痺している。

乗り切ってゆくという厳しい企業経営者の道だ。この考えは、私のこの本の読者である、小《しょう》資産家、小《こ》金持ちの皆さんは理解すると思います。ただ、その犠牲者に自分がなってもいいのか、だ。

黒田日銀と財務省が守るのは、日本国債《こくさい》（国の借金証書）の信用だけだ。今や460兆円も、日銀は政府の借金を国債買い取り（真実は日銀の直接《ちょくせつ》引き受け）で抱え込んでしまっている。こんなことをしてはいけないのだ。だがもう、やってしまった。財務省が国債を際限なくどれだけでも発行して、これを日銀が発行するお札（紙幣）とチャッチャと交換している。たったこれだけだ。これで財政《ざいせい》資金（国のお金）を作っている。インチキ政策だ。

お札（紙幣）をどれだけでも刷り散らして、国債を買い取る（引き受ける）ことをしている。これで今の日本はなんとかなっている。本当なら、こんな金融政策《マネタリー・ポリシー》はやってはいけないのだ。お札と国債を刷り散らすことで、国家と国民生活が成り立っている、というのは異常なことなのだ。だからアメリカでトランプたちは、「もうこんなことはやめる」と言っているのだ。

財務官僚たちにとって重要なのは〝国民〟より〝国〟

国債を守るとは、こんな手品《てじな》のようなインチキ政策である。これが安倍と黒田（アベクロ・コンビ）の「期待インフレ（率）を2％に押し上げる政策（これは同時にGDPを2％上げる、でもある）」だ。これをやり続けて、ついにボロが出て、日本国債の買い手がいなくなる。すると、国債が暴落する。すると長期金利が跳ね上がり始める。マイナス金利どころではなくなる。金利が跳ね上がるから国債が暴落する、のか、国債が暴落するから金利が跳ね上がるのか。実はわからない。どっちもどっちだ。

この信用崩壊に襲いかかられたら、財務官僚たちは震え上がる。国債に値段がつかない、なら紙クズと同じだ。「だから俺たちは逆をやるんだ、で、マイナス金利をやる」となった。とんでもない〝逆転の発想〟だ。どこまでも金利を下《さ》げろとなった。これが国債の信用、即ち国家の信用を守ることになると。俺サマたち勘定奉行の勘定さえ、しっかりしていればいい、だ。ところが、アメリカにトランプが出現した。これで黒田と安倍たちはうろたえている。トランプという奴は、何をやり出すかわからない。

日本の金持ち層から税金で奪い取ってやる、という方針はこれからも変わらない。だから日本の資産家が狙われる。皆さんの資金が狙われている。

財務官僚たちは、現金、お札《さつ》を消したがっている。現金が嫌いなのだ。決済《けっさい》は全て銀行送金でやりなさい、キャッシュレス社会にする、とバカなことを言っている。だから帳簿もつけないで、現金だけでやりとりしている暴力団と金持ちを消してしまいたい。日本の資産家と大企業のことを、税金官僚たちは、自分たちのエサだと思っている。税金官僚たちの収入源は、大企業いじめと、資産家いじめだ。

国民の95％である貧乏サラリーマンや日雇い労働者たちからは、もう税金を取ろうにもこれ以上取れない。これ以上、税金（給料からの天引き、源泉徴収《げんせんちょうしゅう》）を取ったら、本当にサラリーマンたちの一部は、生活できなくなって、死に始めるだろう。本当だ。そして、税金取り公務員たち自身がまさしく、貧乏サラリーマン層の公務員であり、貧乏サラリーマンと同じ安月給だ。彼ら自身が、いくら「身分が安定している公務員」だからと言って、年収600万円～800万円のサラリーマンである事実は、隠しようもない。それでますます金持ち層に襲いかかる気になる。

お札を刷り散らかした副作用がこれから出る

2016年1月29日に、黒田東彦日銀総裁が、「マイナス金利を導入する」と発表した。

黒田バズーカ（黒田大砲）の3発目といわれた。追加の金融緩和《イージング・マネー》（ジャブジャブ・マネー）の3弾目がある、ある、と思わせていた。このあと、2016年4月末に、また追加緩和を決めた。だが、それは例年どおりだった「年間80兆円（分）を、日銀がこれまでと同じく日本国債を買い上げる（引き受ける）」というものだった。これだけでもとんでもなく大変なことで、目一杯のギリギリである。もうこれ以上は、いくら何でも、日銀はお札の刷り散らし、はできないのだ。だから、だ。だから万策《ばんさく》尽きて「金利をマイナスにする」と決めたのである。まるで、もう1個〝打ち出の小槌《こづち》〟が見つかったかのようだ。これが、おかしなことに、ますます景気が悪くなってもいい、という黒田の考えだ。

マイナス金利になってさらに不景気になっても、世の中は、今のまま動いて、国民の生活は続いていく。しかしこんな不景気をずっと続けると、きっと、いつかどこかがおかしくなる。どこかが回らなくなる。民間部門の売り上げと利益が出ないから、お札と国債だけを刷り散らしている。お札をいくら刷っても、国民には回って来ない。国民は安月給のままだ。不景気で賃金が下がるのもデフレの一種である。

賃金は物価の重要な一種である。金持ちたちは、「賃金（月給）という物価」が下がるとアパートの賃料《レント》も下がるから、収入が減る。だから金持ちたちも貧乏になってしまう。この悪循環《ビシャス・サイクル》が今も続いている。お札（お金）が銀行にだけたまっている。ところが、銀行が潰れそうになっている。地方銀行が危ない。銀行に儲け口がない。ゼロ金利、マイナス金利で絞め殺されそうだ。銀行が危ないという不思議な時代だ。今は、日本経済はうっ血《けつ》状態で汚い血《ち》がたまっている。なぜなら日銀黒田が刷りまくって（国債を引き受けて）世の中に流していることになっているお金（お札）がニセ金《がね》であって、実体のない金だから、健全なお金ではないからだ。

健全なお金というのは、世の中で生きて使われているお金だ。そのためにはこれから本当に伸びるぞ、という人や元気な会社に投資することだ。これが本当のお金の運用だ。だから、本当に世の中の為になっているいい会社を見つけて、そこの株を買うとその株は上がる。このことを世界レベルでいうと、新興国に投資する、ということだ。まだまだ貧乏なんだけれども、資源もあるし、国民も月給3万円みたいな国だから、これからそれが10万円になるだろうし、自動車も欲しいし、電気製品も欲しい。成長経済（エコノミック・グロウス）を今から味わうことになる新興国（途上国）に資金を投下するのがいいことだ。若い元気な能力のある人（会社）に投資するのが、生きた金の使い方だ。このように考えて投資するのが賢い投資である。

トランプ政権になって、アメリカが少し元気になったので、アメリカが世界中のお金を自分の国に吸い上げている。日本とヨーロッパの先進国にもお金がたまっている。たまっ

「けふ《今日》から預金封鎖《よきんふうさ》」となった

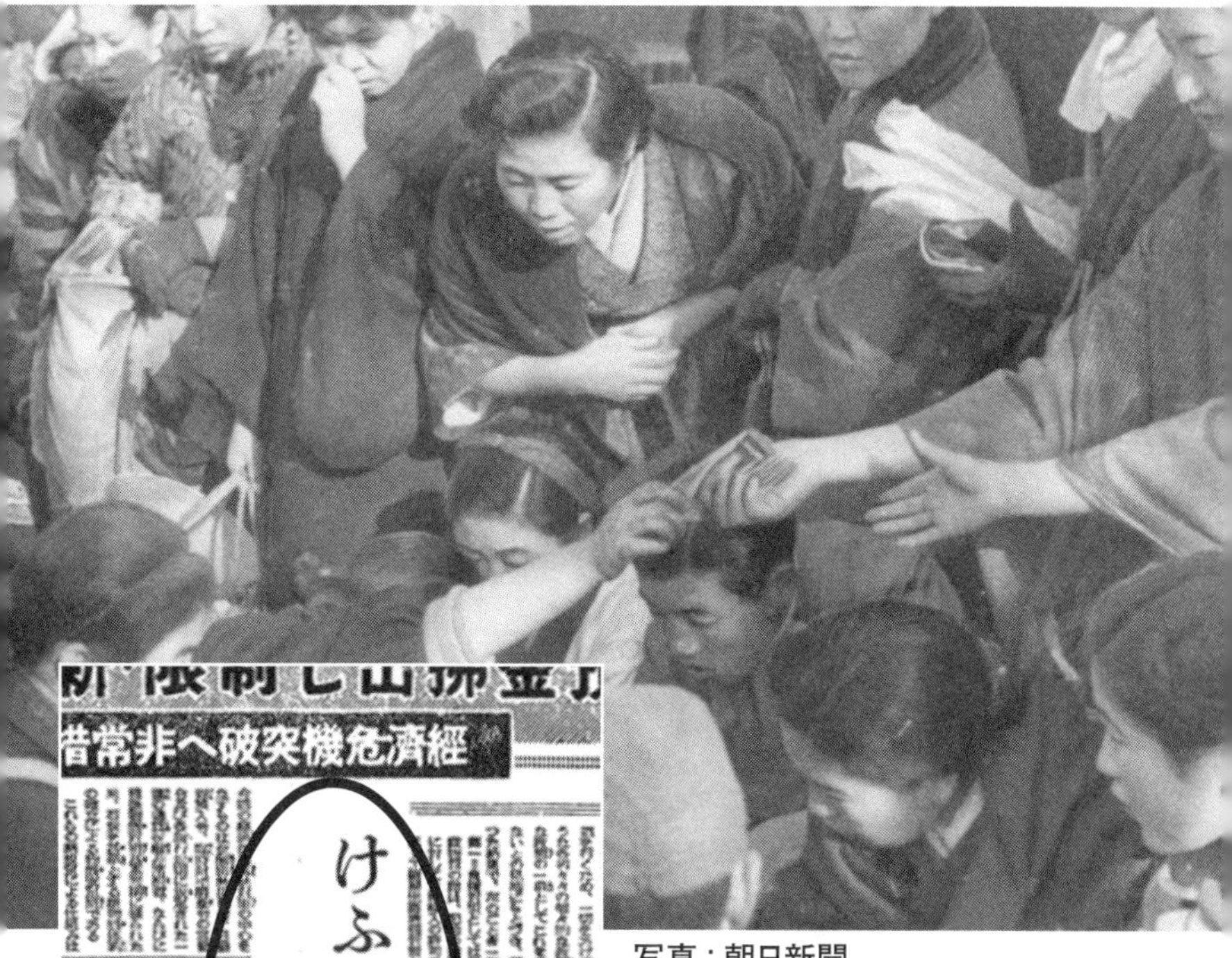

經濟危機突破へ非常措

けふから預金封鎖

解除は財産税徴収後

月額三百圓

出所：朝日新聞　昭和21年2月17日

写真：朝日新聞

敗戦の直後のインフレ対策で、政府は1946年2月16日、突然、預金払い出し（引き出し）制限と新円切り替えを発表。切り替え時限の前日、旧円で最後の買い物をしようと殺到する人たち。

ているけど使わない。使い先がない。こんな不健全なことをしていると、本当に何かが突発的に起きる。

その一つが、預金封鎖《よきんふうさ》である。英語で、bank account clamp down（バンク・アカウント・クランプダウン）という。この預金封鎖は、1・預金の引き出し制限 と 2・新札《しんさつ》切り替え（デノミネーション denomination ）として起きる。この信用危機が近い将来起こると言われている。

政府は、どこの国も必死で、この預金封鎖《クランプ・ダウン》を起こさないように、徹底的に金融統制をやっている。それで今のところはなんとかなっている。これがいつ決壊《けっかい》するか、だ。

「引き出し制限」と「新札切り替え」が迫っている

資産家の中の鋭い人たちは、この先、「預金封鎖（預金引き出し制限と、新札切り替え）」が起きることに薄々感づいている。

今から71年前の1946年（昭和21年）2月に、日本でも実際に起きた。預金の引き出し制限は、「1月に1回、250円まで。一家の主人が下ろせる」となった。P133の写真のとおり、「けふから（今日から）預金封鎖」と国がやった。それで金持ち国民が真っ青になってゴタゴタしているうちに、あっという間に物価がその年（昭和21年）の12月には10倍になった。超急激な物価高が起きた。ハイパーインフレーションが襲いかかった。次の年には、食料品や床屋料や銭湯料や新聞代が10倍になった。いろいろの物価が10倍になった。つまり1000％のハイパーインフレーションが襲いかかった。お札は紙切れになった。

そして、1円札、10円札が消えて「板垣退助の100円札」が当たり前のお金になった。「聖徳太子の千円札」になった。この10枚の1万円、が、1960年頃のサラリーマンの初任給だった。1970年には、初任給は10万円になった。激しいインフレと高度経済成長は同時進行するドラマだった。一つのドラマの二つの顔だ。

預金封鎖で戦争中に大蔵省が発行して、国民が買わされていた戦時国債《せんじこくさい》、戦時公債《こうさい》は本当に紙切れになった。大砲とか戦車とか戦艦が載っていた。ボロくず債券《ボンド》になった。高額の「千円」と国債の券面《けんめん》に書いてあるのに、それが10円の値打ちしかなくなったら、本当に紙切れだ。100分の1になったら、その金券《きんけん》の意味はなくなる。

同じようなことが、これから日本国債に起こり得る。これから起こる。なぜなら異常に大量に刷っているからだ。その直前に、預金封鎖の引き出し制限が発表されるだろう。おそらく3年後ぐらいに、1人が下ろせる預金の金額は、月に500万円とかになるだろう。

切り替えた新円（新紙幣）はトラックで一気に運んだ。今度も着々と準備している。

写真：朝日新聞

1946年2月、新円を輸送するときは武装警官がついた。

ＡＴＭでの現金の引き下ろしは、すでに１日50万円までに制限されている。このことだけでもイヤなことだ。それ以上の金額は銀行窓口でやりなさい、となる。時間がかかって面倒くさい。銀行窓口だと、５００万円以上の金額を下ろそうとすると、「お客様、このご資金は何にお使いになるのですか」と使途を尋ねる。そのように銀行員は命令されている。金融庁の指導である。何に使うのかの理由を書かされるようになった。自分のお金を何に使おうが知ったことか。国家がなぜ、こんなことまで国民生活に干渉、介入するのか。まったくもって失礼な話だ。すでに統制経済（コントロールド・エコノミー）そのものだ。

金持ちが海外に送金しようとするときにも、すでにこれをやられている。50万円程度でも、「送金の理由、使途」を外国為替の銀行職員が聞く。そのあと、不思議なことに、それに連動して税務署員が、「この送金理由はなんですか」と電話で聞いて来ることもある。資産家のお金の動かし方はすでにマークされて監視されているのだ。

なぜ、預金封鎖が近い将来、起きるのか。それは、２００８年9月のリーマン・ショックの時、アメリカ発の世界金融危機が起きて、国（政府）がニューヨークの大銀行たちを一斉に助けた。この時、政府は無尽蔵にお金を刷って、銀行に渡して救済した。ジャブジャブ・マネーをやった。そのつけが10年後の今、回ってきつつある。毒《どく》のお金が民間から国に移ったということだ。もうそろそろデノミ即ち、「通貨《つうか》単位《たんい》の切り替え」による新札切り替えをしなければならなくなる。

デノミネイション（通貨《つうか》単位《たんい》の切り替え）とは、100ドル札《さつ》を10ドル札《さつ》にするということだ。日本では100円札を10円札にする、ということだ。ハイパーインフレが来ると、政府は本当に新札に切り替える。トランプ政権は躊躇《ちゅうちょ》しないで断行するだろう。それに追随して日本政府も数日後に実施する。

国家体制に危機が迫っておかしくなると、新しいお札に切り替える。古いお札を使えなくしてしまう。それで打撃を受けるのは資産家だ。貧困層には直接は関係ない。どうせいつも貧乏なのだから。金持ちで、今の1万円札で1億円、しっかり隠して持っていた人たちが、新札切り替えで打撃を受ける。その時期が迫ってきた。早めに現金を下ろして、他の実物資産である金《きん》とか、鉱物材料《コモデイテイ》とか本当に役に立つ食料品の塊を冷凍倉庫ごと買うとか、本気で考えるべきだ。

預金封鎖が始まったら、現金が下ろせなくなる。月に500万円を限度に生活費として下ろせる、とかだ。下ろせなくなると、預金で3億円とか持っている金持ちは、そこへハイパーインフレが襲いかかったら、その預金は本当にパーだ。国に強制的に奪い取られるのと同じことだ。だから今のうちに引き出しておいて、何か本当に世の中で必要とされる実物資産《じつぶつ》（タンジブル・アセット tangible assets）に換えておくべきだ。

それをやらないで、銀行を信用して預けたままにしている人たちは、どうぞ、そのままでいてください。それはそれでもっと政府を信頼する深い知恵のある判断だろう。ですから、私は別に扇動などしません。ただそれでも、本当に危ないな、そろそろ来るな、と思った人は、そのときは動いてください。今のうちから心構えをしておいてください。このことが近未来《きんみらい》の予言者業を自任して、みなさんに警告を発してきた私の責務だ。事実《ファクト》はこの本が出て3年、5年後にわかることだ。私が嘘つきで、大ボラ吹きで、根拠のない危険なことを言って回っているだけの人間であるかどうかは、5年後にはっきりする。それでいい。私はそれぐらいの自信を持っている。これまで私は自分が言ってきたことを大きいところで外《はず》したことはない。目先の半年、1年先の金融予測での株価や為替は時々外れるが、中長期（5年、10年、20年）の動きでは私は予測（予言）を外さない。

日本は緊急事態、非常事態が迫っている。国家の金融と経済政策は追い詰められている。

現金を消せ、という世界の動き

世界は今、現金そのもの、cash《キャッシュ》そのもの、お札《ノート》（紙幣《ビル》）そのもの、を消そうという動きをしている。それを政府主導でやっている。

日本だと、日本最大の組織暴力団の山口組が動かしている、おそらく5兆円ぐらいのお札を消せ、という大きな動きである。元巨人の清原和博の覚せい剤事件（2016年2月2日。周りの人たちはずっと前から知っていたことなのに）がわざわざメディアで騒がれたのは、日本のヤクザ潰しの一環だろう。

ヤクザたちはすべて現金決済だ。彼らたちには帳簿はない。カードも作れないから持っていない。実は、日本の山口組（構成員2万1００人、準構成員2万6８００人を合わせると、4万6９００人。平成28年警察発表）を潰そうとしているのは、アメリカ財務省（トレジャリー・デパートメント）なのである。アメリカ司法省（ジャスティス・デパートメント）ではない。一国《いっこく》のお金を動かす米財務省が、日本の警察庁（とその下部組織のはずなのに同格だとなぜか威張っている警視庁）に対して、「日本のマフィア」である暴力団潰しをやれ、と命令したのだ。なぜか？　それは世界の先進国が統制経済に向かう中で、現金の形で、政府が把握できないお金の動きの部分があると、金融統制（預金封鎖）がうまくいかないからだ。だから現金を消せ、なのである。

アメリカ財務省が、日本の警察庁長官にやらせているのだ。この他に国民のタンス預金や現金退蔵《たいぞう》を含めて隠し財産の形で存在しているお金の5兆円から10兆円もすべて表面に出したいのだ。

これを予兆する動きが去年ヨーロッパであった。2016年2月に、ヨーロッパ中央銀行（ECB）は、発行している500ユーロ紙幣（7万円札だ）を発行停止で使えないようにする、というEU27カ国（そのうちユーロ通貨圏19カ国）の動きをした。

●「500ユーロ紙幣廃止、時間の問題 独では不評」

（前略）
ECBのドラギ総裁は、2月15日、ブリュッセルの欧州議会で、「500ユーロ紙幣が犯罪目的で使用されている、強い確信がある」と述べ、500ユーロ紙幣の廃止が時間の問題であることを、これまでにも増してはっきり示した。（中略）ユーロ圏の財務相は、先週、ユーロ紙幣に関する見直しを求めた。が、500ユーロ紙幣に関する決定はECB（ヨーロッパ中央銀行）に委《ゆだ》ねられている。ドラギ氏は廃止を発表するには至らなかった。だが、関係者によると、すでに非公式な決定は下されている。（中略）
（ところが）ドイツは国内最大の発行部数を誇る「ビルト紙」が、現金取引に限度額を設ける案に反対し、ショイブレ財務相を標的にした「私たちの現金に手を出すな」のキャンペーンを開始した。
（2016年2月16日付 英フィナンシャル・タイムズ紙）

このように、「10万円札」とかの高額紙幣を〝犯罪の温床〟のように見なして、これらを廃止しようという動きが出ている。さすがに金持ち国であるドイツの金持ちたちは、「そんな規制には反対だ」と声をあげている。「私たちの現金に（政府が）手を出すな」という運動を起こしている。日本の金持ちたちも、この「我々の現金に手を出すな」の声を上げるべきなのだ。いつまでもしょぼくれて、「仕方がないなあ。政府が決めたことだから。お上《かみ》には逆らえないよー」でいると、ナメられるばっかりだ。高額紙幣を廃止しようという動きは、預金封鎖《クランプ・ダウン》やデノミネイションなどの緊急事態に備えた、国家、政府、税金官僚たちからの国民生活への規制の動きである。

7 どう逃がすか、と金《きん》の扱い

今からでも外国に移住して、住民票を捨てることを考える

今、世界中の政府は金持ちを取り合っている。このことを私はずっと書いてきた。自分の国に外国の金持ち（rich people《リッチピーポー》）が逃げて来てくれ、と思っている。貧乏な人たち（経済難民、refugees《レフィジース》）には来てほしくない、と思っている。正直に言うなら。

タイやマレーシアのような準タックス・ヘイブン国（低《てい》税金国家。相続税のない国）も「外国の富裕層よ、我が国に来てください」だ。それに対して、先進諸国の税金官僚たちは、「金持ちを逃がさないぞ。逃がしてたまるか」になっている。

あなたが資金（資産）を今からでも本気で逃がす気なら、移住して、住民票をその国に移すべきだ。日本の住民票を捨てる（抜く）べきだ。日本国籍（パスポート）まで捨てる必要はない。日本人のままでいるべきだ。時々、帰ればいい。日本から見た場合の非《ひ》居住者（non-resident《ノンレジデント》）になる。タイやマレーシアに住民票を移してしまうことだ。このようにして困るのは、健康保険がなくなることだけだ。他には何もデメリット（不利益）はない。国籍はそのまま日本だ。そうすれば、日本でもらう年金が、丸々自分のものになる。毎回天引《てんび》きで取られる15％とかの税金分が、天引きされることがない。

ただし、日本から転出したのに、その住民票を宙ぶらりんにすると、過料《かりょう》＝行政罰にな

る。だからきちんとタックス・ヘイブン国に住民票（居住権）を移す。それらの国の税金は安い。だいたい全て10％だ。もし日本で法人（会社）を持っていても、それはそのままでいい。個人と法人は扱いが別だ。今からでも外国に本気で引っ越して、本気で移ろうとする人はできる。しかし、もう二度と日本に住まない、という決意が必要だ。日本にたまに帰った時は、ホテル暮らしをするしかない。日本の家、土地はすべて売り払っておくこと。これが大事だ。分かりますよね。家、土地が狙《ねら》われるからだよ。あるいは、生前贈与で子供たちにさっさと渡してしまえばいい。親子は別人格だ。

シンガポールは今の人口の550万人から600万人まで、さらに外国人の金持ちを50万人受け入れて増やす計画らしい。インド人やアラブ人、日本人など、あと50万人の金持ちを受け入れると言っている。ところが快適に住む場所がもうない。新しい場所が国土が狭くて作れないのだ。だから対岸のマレーシアにどんどん広がっている。

しかしせっかく外国に移住したのに、嫌になって帰ってくるケースも多くある。外国が向かない人も多い。大都市ならインフラは整っている。冬には暖かいし住宅も快適である。余生をのんびり過ごすというのには最高である。日本人会の集まりもある。数百人の会員がいるから、気の合った人たちと順番に付き合って、招待し合いっこをしているうちに3年、5年はすぐに過ぎる。しかし、夫婦で楽しくゴルフをする以外楽しみがない、とか、奥さんが現地人のメイドと折り合いが悪くなったとかで、もう日本に帰りたいという人もいる。日本の方が、冬は寒いけどやっぱり、言葉が通じるからいい、ということになる。歯の治療は、どうしても日本の歯科医がいいらしくて、歯の治療のために、定期的に帰ってくる人も多い。

財産、資金はすべてもう現地の外国に移してある。着々と10年かけて堅実に計画を実行した人々だ。ぬかりはない。その国からの税金上の優遇政策の恩恵を十分に受けている。日本と違って、リタイアした老人の年金や預金にまで税金をかけるという残酷な国は、新興国にはない。どこからでも何からでも税金を取ってやるというのは先進国病《びょう》である。私は他著で、何回か書いたが、国家というのは非情かつ、狡猾《こうかつ》なもので、空気税、愛情税、平和税、環境税、幸福（だから）税、窓《まど》税（本当だ。中世のヨーロッパ）、人頭税《じんとうぜい》、初夜《しょや》税（本当だ。初夜権《けん》。司祭や領主が若い生《き》娘と寝る権利）、何にでも課税する。課税の理屈（理由）は何とでもつけられる。笑い話ではない。真に恐ろしい話だ。そういう連中なのだ。

アメリカや日本の政府が、「逃がしてたまるか」で法律の強化をしている。国外脱出した富裕層から大きな額の相続税をふんだくりたい。

だから相続税に関していうと、税法上の「5年縛《しば》り」というのが数年前まであった。高齢の自分は早くから日本を出ていた。さらに息子、娘も日本を出て、資産もタックス・ヘイブン国に移した。その両方がそろって5年以上、外国に生活の本拠があれば、日本での（土地、家にも）相続税はかからない、と最近までなっていた。タイやマレーシアには相続税はない。外国で暮らして5年経てば、贈与しても相続しても、日本での贈与税も相続税も発生しない、となっていた。その昔は被相続人（親の方）だけ5年出ていればよかった。ところが税法がどんどん変わった。「取り逃がしてたまるか」である。ここまでやるかね。この税金官僚というか地回り暴力団どもは。

海外に逃がす時は、体に貼付けていくのが大原則

税法・税制がどれだけ変わっても、今からでもこれからでも国外に逃げる金持ちはたくさんいる。逃げた方がずっといい、と私も思う。こんな国でボケッとしていたら、税金官僚どもから何をされるかわからない。「あなたに愛国心はないのか」と言われたら、「おまえの、その地獄の鬼の顔で、よく言うよ」と睨《にら》みつけるのがいい。

海外に金《きん》を持ち出すのは、1回につき1キロまではよい。と国税庁のホームページに書いてある。まとめてすべてを逃がすのは、今や相当に厳しい。それでも、現金や貴金属を

何十回かかってもいいから、少しずつ本当に本気で海外に逃がしたいと思ったら、自分の体にくっつけて持って行くしかない。銀行送金は絶対にしてはいけない。銀行経由で税務署に必ず捕捉される。

『ウォール街のウルフ』（The Wolf of Wall Street　レオナルド・ディカプリオ主演、マーティン・スコセッシ監督、２０１３年制作）という素晴らしい映画がある。前著でも紹介した。これは観るべきだ。本当に為《ため》になる。抱腹絶倒のお笑い映画にわざと仕立てている。が、世界の金持ちたちの資産移しの、身につまされる現実が描かれている。金融詐欺師に近い主人公が、自分で作った証券会社をどんどん大きくしていって、最後にはＦＢＩに逮捕され、有罪判決を受けるまでの話だ。

今から30年前の１９８７年10月19日の〝ブラック・マンデー（魔の月曜日）〟頃のアメリカの金融業界の真実の体験記が原作だ。この作品は、下品で粗雑で、反《はん》インテリ、反《はん》高学歴の映画だが、実感としてのＮＹの金融・証券のワルたちを、如実に正確に描いている。アメリカの金融業界の強欲人間たちは、本当にこの映画で描かれた精神構造をしているのだろう。他人を喰い物にする。

この映画『ウォール街のウルフ』の大金持ちたちの家族が、手分けして体に現金をグルグル巻きにして、出国ゲートを通り抜け、飛行機でスイスのプライベット・バンクにどん

海外の「保税《ほぜい》倉庫」を使う手もある

香港やシンガポール（スイスやイギリスにも保税区だからある）は保税倉庫があり、無税で取引ができる。銀行口座を使う必要がない。無税で資産の管理、保管をしてくれる。手数料はかかる。

シンガポールの保税倉庫。チャンギ空港に隣接するFTZ（自由貿易地区）内にある。世界の金持ちたちの美術品、骨董品などがつまっている。

出所：輸送ハンドブック　シンガポール　NAIGAI TRANS LINES

「日本通運シンガポール」ロジスティックス・トランスポート支店は日系企業として唯一、チャンギ空港隣接の自由貿易地区（FTZ）内に、保税倉庫を確保した。

出所：「NIPPON EXPRESS」
http://www.nittsu.com.sg/logistics/index.html

どん現金を持ち出す様子は圧巻だ。まだ観ていない人はぜひ観てください。本気で自分の資産を守ろうという人は、ここまで泥臭く本気でやらないとだめだ。

私は前著『逃がせ隠せ個人資産』でも書いたが、出国の際に「携行するものが100万円以上に相当する場合は書類に書け」と書いてあるが、無視すべきだ。何か言われたら書く。自分からは何もしない。無事に持って出たら、海外で保管したり、宝石とかは売ったりすればよい。

金持ちたちというのは、装飾品として1個500万円の時計や2千万円ぐらいの宝石を身につけているのは当たり前なのだから、そういう身の回りの品のことで、いちいち国家、政府が、口出しして、身体検査までして、「正しい申告」などと言っていいはずがない。人の体に触《ふ》れる、触《さわ》ることは、いくら税関役人たちでもイヤなことだ。だから自分の体でリスクを取って、自分の体ごと自己資産と共に移動するのは、正しい考えだ。この場面での、世界の金持ち層と、各国の役人、税金官僚たちとの闘いは、これからもずっと続く。

シンガポールの保税倉庫を使う手もある

今から7年前、2010年5月、シンガポールに保税《ほぜい》倉庫「シンガポール・フリーポート」が、オープンした。チャンギ国際空港に隣接するFTZ《エフティズィ》（自由貿易地区）内にある。4階建てで、面積は2万2500㎡もある。世界最大級の倉庫だ。ここに資産を隠すという最新のやり方である。世界中の金持ちたちの、貴金属、美術品、骨董品などがここに収蔵され、詰まっている。この空間の4割は、世界で最大規模の競売会社のクリスティーズの子会社で、美術品保管サービスをするCFASS《シファス》社が占有している。日系企業では、唯一、日本通運（日通《にっつう》）の「ロジスティックス・トランスポート支店」が、ここに保税倉庫を保有している。

香港やシンガポールは保税倉庫がたくさんある。保税倉庫は通関《クレアランス》を受けるために保管をしてある貿易品目の置き場である。ここは無税で取引ができる。銀行口座を使う必要もなく、決済《セツルメント》ができて、無税で資産の管理をしている。保管手数料だけだ。P149の写真のとおりだ。参考にしてください。

タンス預金は、国にこうして狙われる

「タンス預金」という言葉が歴史的にある。預金したら、その金額はなぜか税務署にわかってしまうから、家のタンスに隠す。長年かけて3千万円とか、5千万円とかを、金持ち

金貨《コイン》がいい。バラバラと買い増すこと

金地金

プラチナ地金

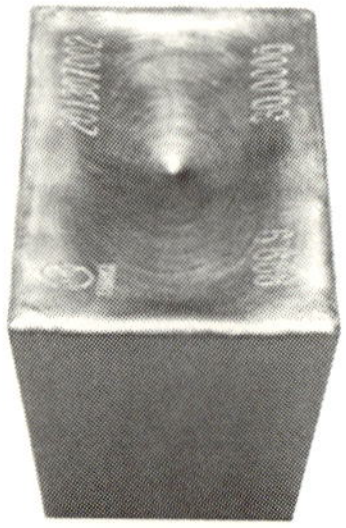

銀地金

ウィーン金貨ハーモニー

メイプルリーフ金貨

プラチナ・ウィーンコインハーモニー

プラチナ・イーグルコイン

プラチナ・メイプルリーフコイン

出所：田中貴金属ホームページ
http://gold.tanaka.co.jp/commodity/souba/index.php

　ウィーン金貨、メープルリーフ金貨の1オンスの価格は、小売り（税込み）で16万4939円だ（2017年2月21日現在）。買いやすいし、売りやすい。ただし、自分でしっかり守ってください。

たちは銀行に預金しないで現金で貯め込む。預金したくない。しかし、このタンス預金を国家が狙っている。

タンス預金への税金のかけ方はどうするか？　激しい経済変動が起きてハイパーインフレが襲いかかって、この時、政府は、預金封鎖を決行する。この時に合わせて新円（新しい紙幣）に切り替えてしまうという荒っぽいやり方をする。この時に、古い紙幣を突然使えなくするのだ。今の一万円札が「新千円札」に変わるだろう。この時、1万円の旧札を、新円切り替え時に800円と交換してやる、となるのだろう。2割の200円分を税金の形で取り上げる、ということをするだろう。タンス預金に懲罰的な税金をかけることに等しい。

現金は金《きん》に替えるのが基本

だからいよいよ、ますます金《きん》を買うときがきた。下《お》ろした現金は、金に替えて持っておくのがいい。

金の値段は、2013年からずっと下落して低迷した。そろそろ2017年から反転上昇する動きが出てきた。金をわざと、故意にアメリカ政府が低く抑《おさ》えつけて、何かあるとすぐに金を売り崩す**〝金殺し〟**をやってきた。この金殺しがそろそろ終わる。世界中で実物《じつぶつ》買いが、金《きん》の安値を跳ね返していく。

オバマ政権までのアメリカの権力者と、FRB（連邦準備制度）がグルになって、これに、ゴールドマンサックスがからんで、ドル紙幣（＝アメリカの信用）を守るために、「金《きん》を叩き潰せ」、「金《きん》をのさばらせるな」と、これまで散々やってきた。金《きん》によってしか、アメリカの米ドル紙幣の価値は測れない。ドルの大敵は金《きん》なのだ。ドルと金《きん》の闘いなのだ。

しかし、これからは金《きん》が勝つ。

2017年からのトランプ政権の大方針は、実物経済《じつぶつけいざい》、実体経済《じつたいけいざい》重視である。これとエネルギー資源重視である。これまでのような金融政策《マネタリー・ポリシー》一点張りはやめる。何でもかんでもお金の量（ベース・マネー）と国債、債券の量、株の値段の操作で、利益が出ているふりをして、国家を運営するやり方はやめる、とトランプたちは決めたのだ。

ドナルド・トランプは大統領選挙の最中に、「私は大統領になったら（ケンタッキー州の）フォートノックス（陸軍基地）に保管してあるニューヨーク連銀《フェデラル・バンク》の金《きん》を、自分で見に行くぞ」と言った。

そして「本当に、アメリカ政府が保有しているはずの8千300トン（36兆円相当）の金塊《きんかい》（金の地金《じがね》）、ゴールド・インゴットが有るのか、自分の目で確かめに行く」と言っ

NY金《きん》（COMEX《コメックス》市場）の価格の推移（直近6年）

出所：COMEXの期近値

金は今が安くて買い。そのうち値上がりする。

た。トランプは、"Where《ホエア》 is《イズ》 the《ザ》 goal《ゴール》 ?"「金《きん》はどこだ」と自分で探しに行くつもりだ。こんなことを新大統領にされたら、この金《きん》の存在によって、信用を保っているはずのFRB《エフアールビー》（米連邦準備制度理事会。アメリカの中央銀行）は真っ青になる。実のところ、アメリカ政府の金《きん》の保有は、もうほとんど無いらしい。8千300トンの金《きん》は消えてなくなっている。なぜなら、毎年毎年、6千億ドル（70兆円）も出ている財政赤字（単《たん》年度でだ）、と同じく6千億ドル（70兆円）もある貿易赤字の決済《けっさい》の帳尻《ちょうじ》り合わせで、これらの金《きん》は、使い果たしてしまっているらしい。

トランプは、きっとフォートノックスの巨大な洞窟の金《きん》の保管庫に、大統領自《みずか》ら査察《ささつ》（インスペクション）に出掛ける。ところが、このあとである。「なんだ、アメリカ政府の保有金《きん》は、全くないじゃないか」と、真実を知った、そのあとどうするか。いくら正直者路線《ろせん》のトランプでも、この真実を国民に公表、公言することはできないだろう。なぜなら、途端にアメリカ国の信用《クレディビリティ》が急落する。ガタ落ちする。金《きん》の値段は高騰する。「なに。アメリカからもヨーロッパからも金《きん》はほとんど中国に移っているのか」と知って、アメリカ政府（トランプ政権）が、中国との外交交渉の場で、果してどのような駆け引きをするか。それはこれからの話だ。世界中がトランプと習近平の今後の駆け引きを見守っている。

4300円（1グラム）を目安にする

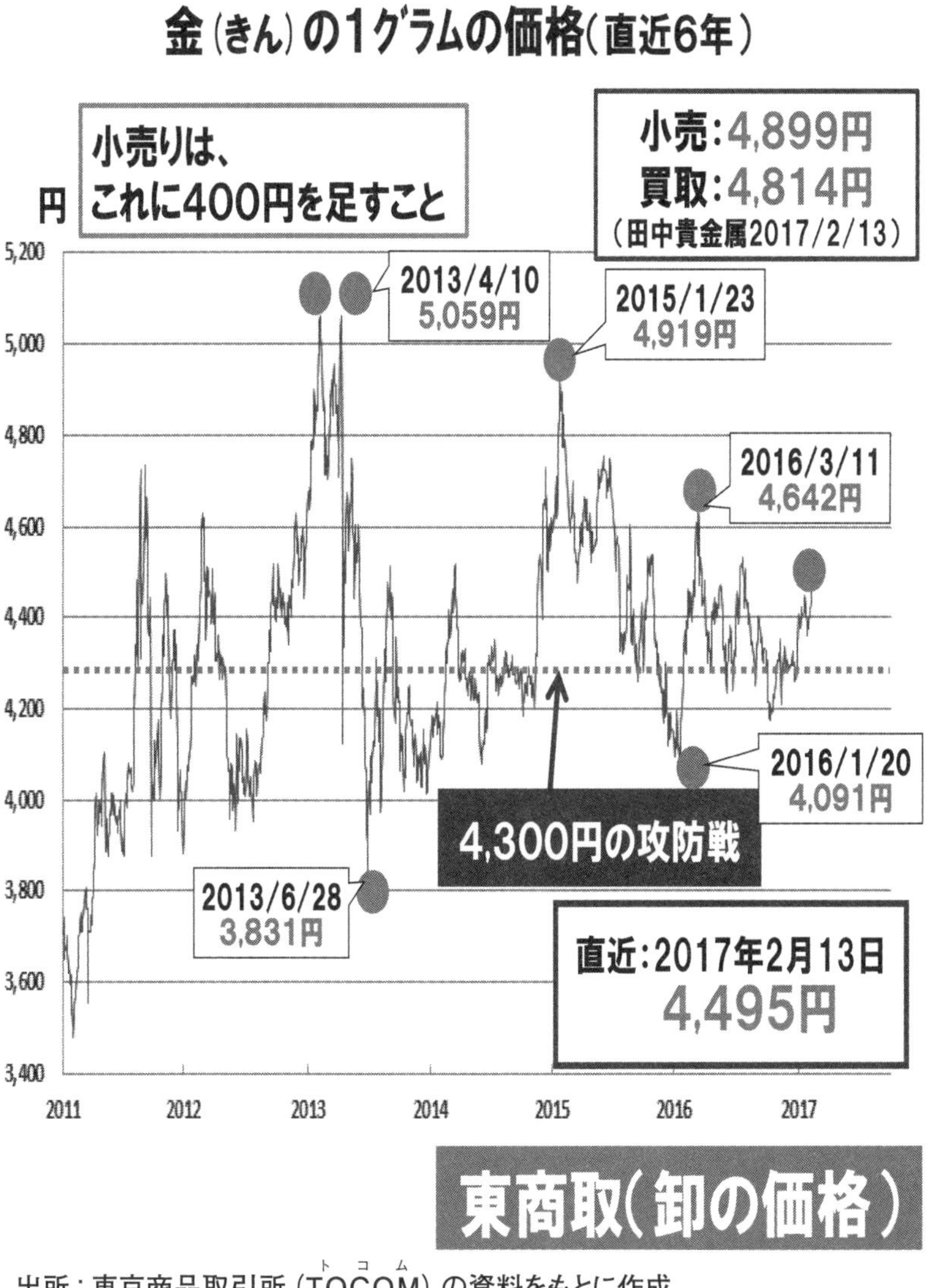

出所：東京商品取引所（TOCOM《トコム》）の資料をもとに作成

金の卸価格は4300円が攻防戦

金《きん》には人類5千年の夢がかかっている。歴史上のどこの国の宮殿に行っても、金で塗られて、金でキラキラ光っている。銀や銅とは違う。金だけが本物だ。そのことを私たちは忘れたらいけない。

金1グラムの価格は、直近で4495円だ(2017年2月13日)。これは東京商品取引所(TOCOM、トコム)の卸《おろし》の値段だ。小売価格は、この値段に400円(消費税と手数料)を足す。すると4895円になる。ここ数年、金《きん》の卸《おろし》価格は、4300円の攻防戦を繰り返してきた。P157のグラフのとおりである。

過去5年間の動きを見ると、この卸価格がいちばん高値で、1グラム5059円があった(2013年4月10日)。1キロだったら、これに消費税と手数料を入れると540万円だ。このいちばん高値のあたりで買った人たちがいる。私は前から、「1グラム4200円を割ったら買いなさい」と言ってきた。

その後の〝金殺し〟で、何と1グラム3831円(2013年6月28日)まで下げられた。が、そこから上がってきた。4000円も越えて、国際金《きん》(NY金《きん》)の値段も1オンス(31・1グラム)1200ドル台に回復してきた。最近の最安値は、昨年末の112

9・8ドル／オンスだった。P159の図表のとおりだ。ここまで〝金殺し〟で売られたのだ。

この前日に、FRBのイエレン議長が、やっとこさで、アメリカの短期金利（＝政策誘導金利）を、0・25％だけ上げた。「これで金利上げ、即ち、デフレからの脱却が始まった」とイエレンたちは威張りたい。だが、そうはいかない。イエレンたちFRBの幹部たちは、どうせ今年2017年中に、トランプ大統領によって次々と首を切られてゆくだろう。金融政策（マネタリー・ポリシー）一点張りで、お札と国債の交換という手品《てじな》でアメリカの景気管理をやってきた（そして失敗した）ことの責任を、トランプから厳しく問われてお払い箱にされてゆく。トランプは今のFRB（ヒラリー派だ）が大嫌いなのだ。そして新しい人間がFRB議長になる。しかし今度は、FRBの勝手にはさせない。トランプたち共和党の考えでは、〝戦犯《せんぱん》〟であるFRBは、今後は米議会の厳しい管理下に置かれるのである。

今は買う時に、金1キロは重すぎる。時代が変わったものだから、1キロ・バー（板《いた》）では高額だ、という感じになってきた。それで今の売れ筋は、100グラムとか50グラムの小さな板《いた》だ。100グラムで、小売価格でだいたい50万円だ。これで十分だ。これらをバラバラと買って集めておく。最近は、１キロを１００グラムに割ってくれる業者もいる。こんなことをする必要はない。詐欺師たちには気をつけるべきだ。

　これからは本気でウィーン金貨やメイプルリーフ金貨といった金コインを買うべきだ。１枚１オンスの価格が、16万４９３９円（税込小売価格、２０１７年2月21日）である。キラキラ輝いてズシリと手応えのある金貨１枚が17万円で買えるのである（Ｐ１５２の写真）。これを今のうちに買っておいたほうがいい。やがて30万円くらいになる時代がくる。預金封鎖とデノミネイションが来たら、30万円は10分の１の３万円になってしまう。が、その時は他の物価も全部10分の１である。実物資産《タンジブル・アセット》に比べてお札（紙幣）の力は低くなってゆくだろう。

　金《きん》を買ったら、税務署にバレないように隠す。バラバラとあちこちで買って、その証拠の伝票とともに、しっかり保管しておく。税務署から自分の資産を守らなければいけない。そうして家の金庫に入れておいたら、次の章で書くが、何と私は泥棒にやられた。皆さんは泥棒と家族からもしっかり守ってください。警戒心を高めてください。日本ではまだまだこれからも不景気が続く。失業者が増え、泥棒が増える。昭和恐慌（昭和５～8年。１９３０～１９３３年）の時、ものすごく泥棒が増えた。失業者がたくさんいて、ご飯も食べられなくなった。そうなったら必ず泥棒をする。そういう時代に、もう突入している。

泥棒は一戸建てを狙う

侵入窃盗の発生場所別認知《にんち》件数

出典：警察庁（平成27年）

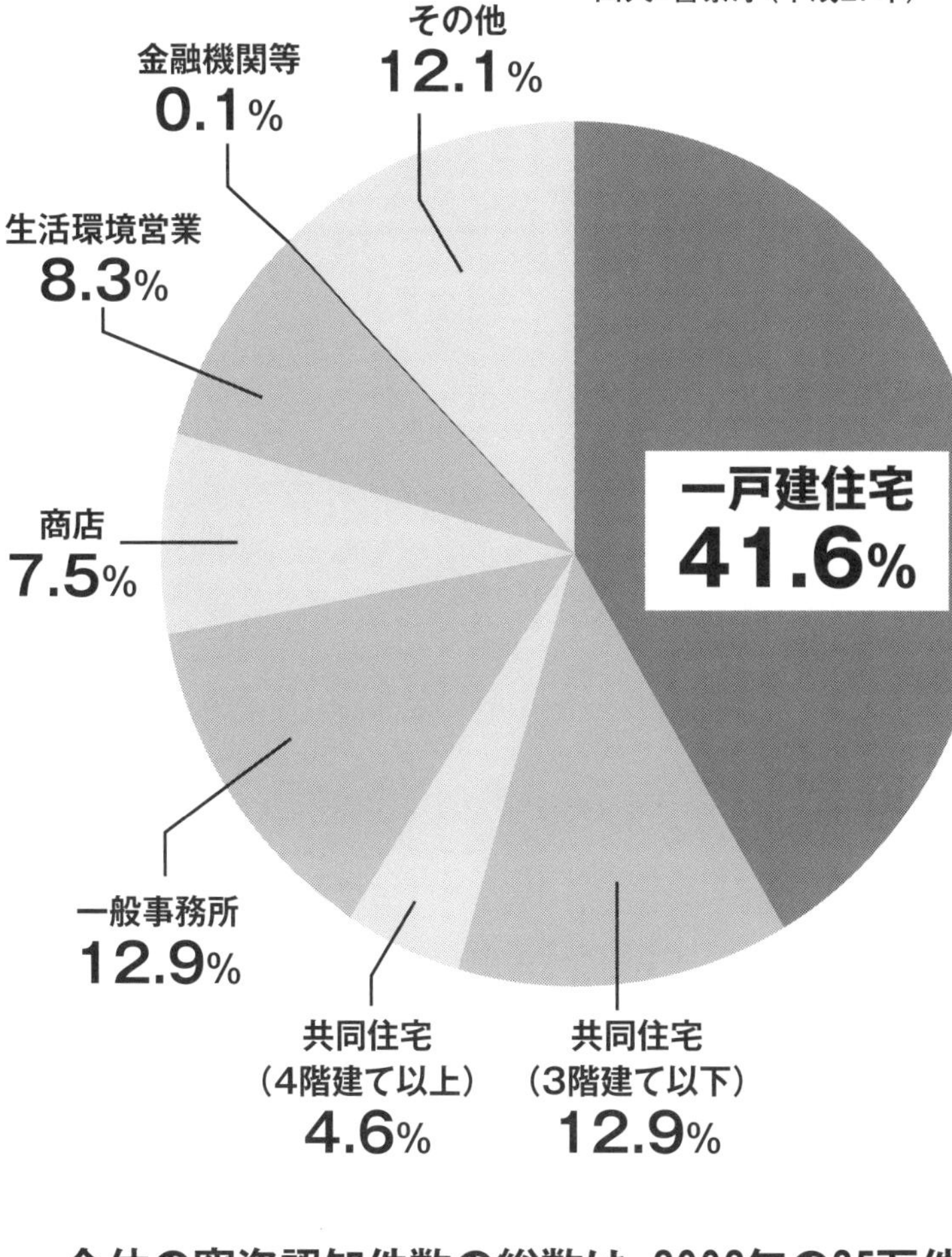

全体の窃盗認知件数の総数は、2002年の35万件からどんどん減って、2015年は10万件弱。だが景気がもっと悪くなる（大恐慌突入）と泥棒が増えるだろう。

泥棒がますます増える。気をつけてください

あとで詳しく書くが、私は1600万円を盗まれた。私の盗難事件は、ニューズにならなかった。盗まれた金額は、現金と金などを合わせて合計1600万円だ。たったの1600万円か、と嘲《わら》う人もいるだろう。だが私にはこれはこたえた。私は人間というものを信じていた。（人間の本性《ほんせい》に関しての）性善説《せいぜん》で生きてきたからだ。それが、この齢になって、「人を見たら泥棒と思え」の性悪説《せいあくせつ》に転向しなければならなくなった。家の周りに監視カメラもつけた。不愉快きわまりないが、仕方がない。これが現実の世の中だ。

私の場合《ケース》と同じように、警察に届けてもニューズにならない盗難事件は、ものすごい数であるだろう。金持ちたちは、税務署だけでなく泥棒にも狙われているのである。

●「窃盗　金の延べ棒など3000万円相当被害」北海道・旭川

北海道警旭川中央署は4月7日、旭川市神居2の16、古物商、松田勝雄さん（74）方の木造2階建て店舗兼住宅で、重さ1キロの金の延べ棒6個など、総額3000万円相当が盗まれたと発表した。1人暮らしの松田さんは出張のため、4日午前8時ごろに自宅を出て、帰宅した5日午後2時半ごろに、被害に気付いて11

0番した。

旭川中央署によると、勝手口のドアノブ付近が壊されており、金の延べ棒のほか、住宅の複数箇所に保管していた貴金属や腕時計、乗用車、トラックなど約130点が盗まれていた。トラックは、旭川市内で乗り捨てられていた。同署は窃盗事件として捜査している。

（2016年4月7日　毎日新聞）

私もそうだったが、泥棒は家主が留守になる時を確実に調べて狙っている。留守になる情報は、意外と身近なところから漏れている。注意してください。

● 「旅行中に4500万円盗難　栃木の医師宅」

栃木県警栃木署は、1月3日、栃木市の男性医師（75）が夫婦で旅行中、自宅から現金約4500万円を盗まれたと明らかにした。窃盗事件として捜査している。

栃木署によると、現金は、2階寝室のたんすや机の引き出しに保管していた。1階の窓ガラスが割れていたという。男性は、昨年12月29日夕方から妻と県外へ旅行していた。2日夜に帰宅し、被害に気付いた妻が署に通報した。

（2016年1月3日　共同通信）

侵入してきた泥棒と鉢合わせしたら、何をされるかわからない。命を狙われるかもしれない。鉢合わせしなかっただけ、命と体は救《たす》かったからよかったではないか、と慰めてくれた人もいた。資産は自分でしっかり守らないと、誰も何も助けにはならない。保険会社はロクに補償もしてくれない。これについても次章で書く。

8

私は1600万円を泥棒された

副島隆彦、泥棒にやられる

私は2015年12月末、合計1600万円ぐらいのお金と金《きん》を泥棒された。一昨年の暮れ、ピッキングでベランダ側の窓から侵入されて泥棒に入られ金庫ごと盗まれました。人生いろんなことがあるもんだ。現金が1200万円、それ以外に、時計やら金《きん》の延べ棒やらで400万円、合計1600万円だ。1億円じゃなくてよかったよ。

私はここでまず書くが、私の前作の『逃がせ隠せ個人資産』にも書いた、「これからは現金が大事だ。手元に1000万円くらい置いておきなさい」と。1千万円ぐらいはいつも現金で手元に置いておきなさい、と講演会でも言ってきた。「泥棒に遭《あ》ったら、どうするんですか」と聞かれて、「そのときは仕方がない。アハハ」と、講演会でみんなで笑った人間だ。それが笑いごとじゃなくなってしまった。国家に捕捉されるよりも前に、泥棒に盗《と》られた。これは大変なことで、みっともなくて恥ずかしいことだ。本当に恥ずかしい。

私が泥棒にやられた話を知った近所の小《こ》金持ちに、「副島さん。何で銀行の貸金庫に預けてなかったの」と叱られた。私よりも、やっぱり金持ちのみなさんの方が資産防衛のことをよくわかっている。「私たちはちゃんとこうやって預けてる。副島さんは甘いんだ」と叱責された。確かにそうだ。

私は金庫ごと1600万円（相当）盗まれた。敢えて恥を晒す

愚かなことに私は仏壇の下に金庫を隠していた。泥棒が、その戸棚を開けた指のあとが、今もはっきり残っている。手袋をしているから、指紋なんか採れるはずがない。

ただ、銀行の貸金庫は斜め上からの監視カメラで全部見られている。中まで映るぐらい撮られている。だから私は嫌だった。しかしやはり貸金庫に預けるのが正しいと思った。貸金庫（小さい箱で年間3万円ぐらい）は銀行のサービスでやっているので、税務署にそのまま中身が分かるわけではない。

私の考えの方が甘かった。だから皆さん、これからは徹底的に自分のお金を防御してください。なぜなら、もっともっと景気が悪くなったら失業者が増える。この人たちは泥棒でも何でもする。だが、私の泥棒の場合、ただの泥棒なのか、疑っている。「グーグル・マップ」で家の玄関までネットで見られる時代だ。私のことを特別に狙った連中がいるのだろう。私にはピンとくることがいろいろある。

昭和の初めの昭和恐慌（昭和5〜8年）のとき、ものすごく泥棒が増えた。金持ちたちは電気代がいくらかかっても電灯を一晩中つけるようになった。雨戸を閉め切って鍵をかけて寝た。今はそういう時代に戻りつつある。だから本気で自分の資産防衛をやってください。これが、私が肌身で知った切実な警告です。お願いじゃない。警告だ。みなさんに訴える。私の考えが甘かった。だが、泥棒に狙われても、それでもなお「隠せ逃がせ」が基本である。

防犯カメラを設置、泥棒対策をした

庭にも防犯カメラがついている。用心することが大事だ。

自己防衛がこれからますます大事になる

現金で手元に置いておいたら、金庫ごと現金と金《きん》を泥棒に奪われた。

皆さん、自分の資産の管理、防衛を強化してください。甘い考えは捨てよう。「騙されるな」の前に「盗まれるな」という重要な、古代《こだい》以来の人間（モーセ五書《ごしょ》にもある）の知恵を私は重く見なかった。

あれだけ「逃がせ、隠せ」と書いてきて、自分がこの有様《ありさま》だ。現金が1200万円、小さな金《きん》の延べ板や金貨その他で合計1600万円盗まれた。

金持ちは、どうしても当座の出費用として、現金を手元に置く。税務署は、どこの銀行に余裕資金（いつでも使えるお金）がいくらあるかを、金持ちごとに全部調べ上げている。だから現金で隠す。と、こんな事態になる。だから金持ちたちは、たとえ監視カメラで見られていても、銀行の貸金庫に預けるのだとよくわかった。

近くに住んでいる弁護士から「副島さんは考えが甘いんだよ。世の中は、もっと厳しいんだ」と叱られた。「副島先生は、元《もと》左翼だから、現金がキラいなんですよ」と言った弟子もいた。「人間に対して性善説《せいぜんせつ》で生きている人はダメだ。性悪説《せいあくせつ》でなければいけない」と教えてくれた人もいる。「一生に一度、税務署にやられ、一生に一度、泥棒に遭う。そ

家の中に盗聴器がないかも調べてみた

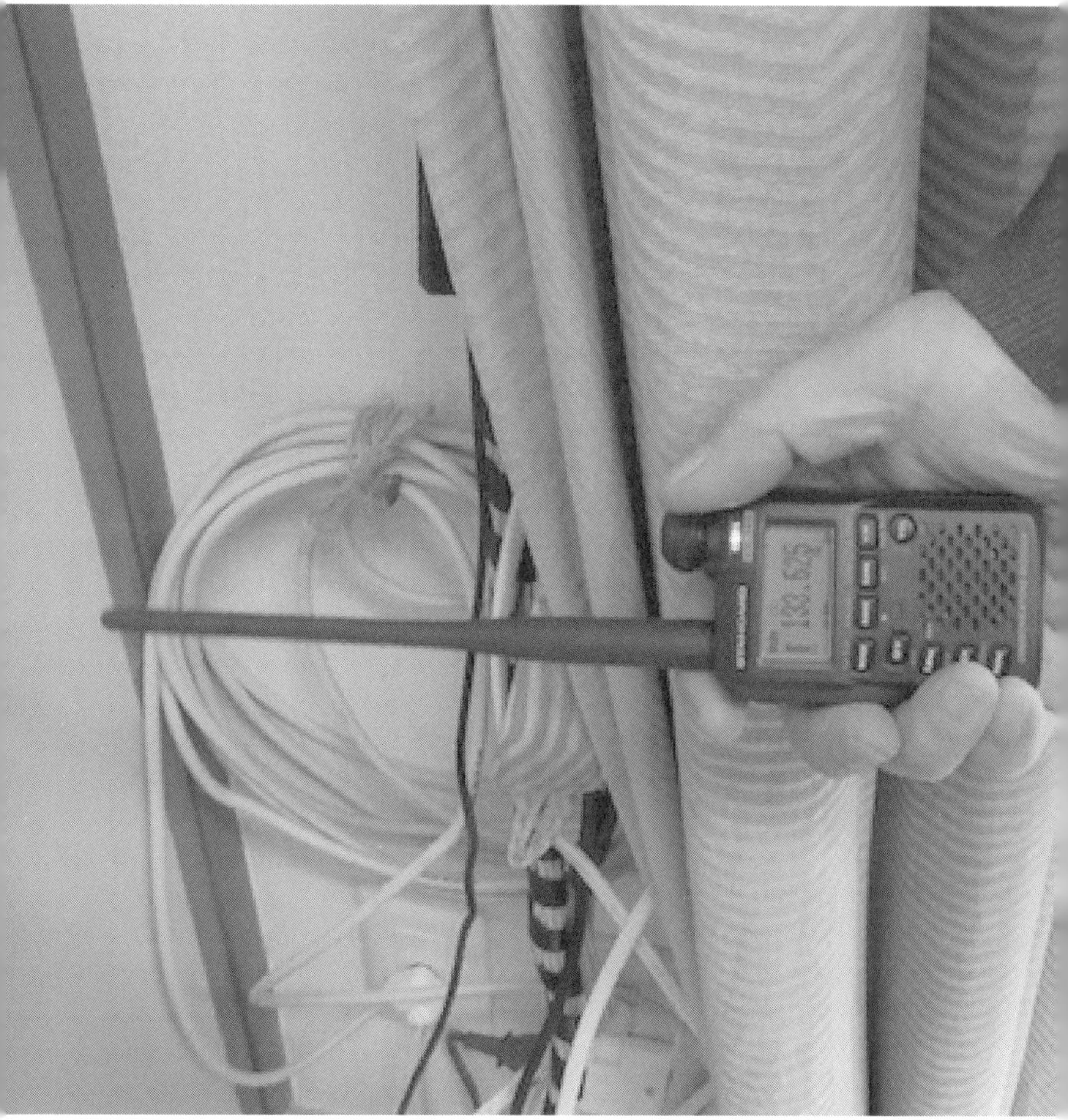

私の家に入った泥棒は、盗む前に何度か入っていたようだ。在宅かどうかを調べるために、盗聴器を設置することもあると探偵（元刑事）が言っていたので。

れが金持ちへの道だよ」とも言われた。いい言葉だ。笑い話にもならない。「仏壇の下に隠すなんて」と妹は言った。うちのバカ息子は、「パパってさあ。九州の田舎者だから、鍵をちゃんとかけることができないんだよね」と言った。バカのくせに大変な常識人だ。奥さんは1週間後になって、「なんでそんなお金を隠してたのよ！」と電話口で喚《わめ》いた。

ようやく私は、金持ちたちの家は何であんなに塀を高くしたり、頑丈にしたり、要塞みたいにしているのか、初めてわかった。しかもその塀も、少し中が見えるように隙間が開いている。中に侵入されたら全部外から見えないのがかえって危険だ、そうだ。

金持ちは狙われているんだということが、今度私はよくわかった。金持ちや芸能人は狙われている。だから、車庫は頑丈な自動シャッターでグーンと上がるようになっていて、簡単に中に入れなくなっていて、監視カメラもついている。「人を見たら泥棒と思え」というのは当たり前なんだ、という経営者や金持ちの思想を、私はこれまで理解しないで生きてきた。

防犯態勢を今更ながら整えた

このあと私は自分の仕事用の家の盗難への防御策（セキュリティの強化）をやった。

クマヒラの金庫は値段のケタが違う。しかし頑丈だ

出所：クマヒラカタログ

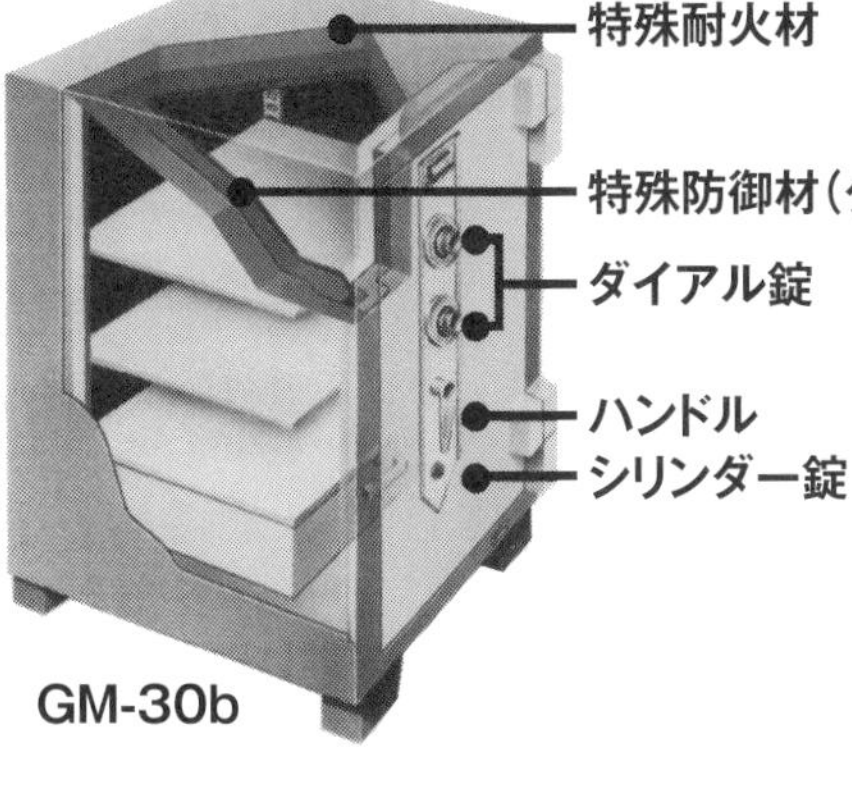

GM-30b

最高級品は260万円する。重量は1040kgある。軽すぎるのはダメだ。泥棒が簡単に持って行く。

地元の電気業者が、防犯（監視）カメラを6台つけてくれた。テレビにレコーダーをつないで、画面が4つに割って見られるようになっている。画質はものすごくいい。駐車場を動く猫までいちいち動体感知して、録画が始まる。その感度を落として、人間（の大きさの生物）に対してだけ感知するよう頼んだが、それはできない。画像は、2か月更新くらいでどんどん上書きし、9999時間、録画できる。室内を監視するウエブカメラも設置してある。インターネットでどこからでも見られる。庭の防御の強化もした。秘密のセキュリティ会社にも頼んだ。

タンス預金をしているといつの間にかなくなる

これからはタンス預金だ。ただし、泥棒対策をしっかりすること。タンス預金をしていると、いつの間にかその預金がなくなるという。自分の身内の親兄弟、子供、親戚でも、とにかく誰かが持って行くらしい。何ということだろう。人間はここまで金《かね》のことになると浅《あさ》ましいのだ。

金庫に隠してあるならまだいいが、家のどこかに隠してあると、隠してある場所を自分が忘れてしまわないか心配になる。死んでからも誰も気づかないと困る。それで誰か信用できる人物2人に、現金を隠してある場所を言っておく。金持ちは性善説ではやっていけない。税務署も来るし、泥棒も来るし、親戚も来る。用心しないといけない。

今、民法改正の議論の中で、子供たちの法定相続分《ぶん》を引き下げて、配偶者の分を上げようという見直しがされている。今は配偶者2分の1、子供2分の1だが、配偶者を3分の2、子供は3分の1にしよう、という議論らしい。理由は介護《かいご》問題だ。親の介護を子供がしない。家業も継がない。親も、子供に迷惑かけたくないという。だから配偶者（妻）の配分を大きくしてあげよう、ということらしい。

だが、家族生活という考えはどうもすでに崩壊している。一人一人、ばらんばらんで、夫婦でも恋人同士でも親子でも、人の言うことなんか聞きたくもない、となってきた。今さらあるわけのない理想の「家庭」「家族」などというものを基準にして、法律をいじるべきではない。

警察は動かない

私が泥棒に気づいて、「しまった、やられた」と叫んだのは、夜中の3時頃のことだった。有るはずのものが無かった。家に帰ってきてから、2日経っていたから、気づくのも

銀行の貸金庫に預けると、標準サイズなら年間3万円程度。

写真：朝日新聞社

貸金庫に預けるのが安全だ。銀行はサービスでやっているから、国の法律とは無関係である。監視カメラで画像が保存されている。

遅かった。

家族に電話したあと、朝になって警察に連絡した。そうしたら、当日、警察官がどどっと20人ぐらいやって来た。被害届も出した。静岡県警本部の「科学警察《かがく》」というのまで来た。でも何だか貧相な人たちだった。なんと公安警察官まで来た。きっと私をマークしている。私の全指紋を採ったり、事情聴取を4~5時間やって調べていった。しかしそれだけだ。あとは何もしない。警察からの連絡も一切来ない。殺人とか暴力事件とかでないと、警察は動かない。それはそうだろう。盗難事件は、警察にとって緊急性がない。警察の仕事は治安を守ること、であって、個々の国民を守ることではない。

盗難の金額が大きいと、報道されるらしい。が、私の被害額程度では新聞記事にはならなかった。実際に新聞社が動かない。あとで現行犯で捕まった窃盗犯が、余罪で他の窃盗にも関わっていることがわかって、再逮捕されることはある。それ以外では捕まらないだろう。警察に連絡すると「懸命に捜査してます」と言う。しかし犯人が捕まることはないだろう。警察に頼っても仕方がない。自分で防御するしかない。

あとは、事後処理だ。なんと。私の家の火災保険に盗難保険が付いていた。「ああ、救《たす》かった」と思った。ところが、保険会社はすんなりとは払わない。誰も読みもしない契約のぶ厚い約款《やっかん》の文言《もんごん》を巡ってケンカになった。警察署に出した被害届けの書類は何故か保険会社に回るらしい。保険金の支払いの請求で保険会社と交渉した。税理士に頼んで確定申告のときに、被害の一式を提出したら、雑損控除《ざつそんこうじょ》の金額が税金から引かれた。

保険会社は意地でも払わないとわかった

某保険会社との闘いも始まった。私の盗まれた金庫の中身について、盗難保険でどれくらい補償されるかの話し合いになった。某保険会社から、社員と一緒に、ロス・アジャスター（loss adjuster　保険鑑定人）という人物が来た。

ロス・アジャスターなる鑑定人とは何なのか。その「鑑定人」という人間に、「あなたは、何のお仕事ですか」と尋ねたら、ゴチャゴチャ言って、「私は公正中立の立場に立ち……」とかなんとか言った。欧米のロス・アジャスターの日本版で、30年ぐらい前に出来たようだ。損害保険業協会のビルの中に、ちゃんとこの鑑定人協会もあった。後日だが、私からの面会要求に会おうとしなかった。

この鑑定人が驚くほど何の専門知識もなかった。金《きん》の時価や金貨《ゴールド・コイン》1個の値段すら何も知らなかった。査定もいい加減だし、とにかく彼らは被害者を言いくるめて保険を出さないようにする。それが仕事だ。

盗難も保障されると、保険会社のパンフレットにあったのに払わない

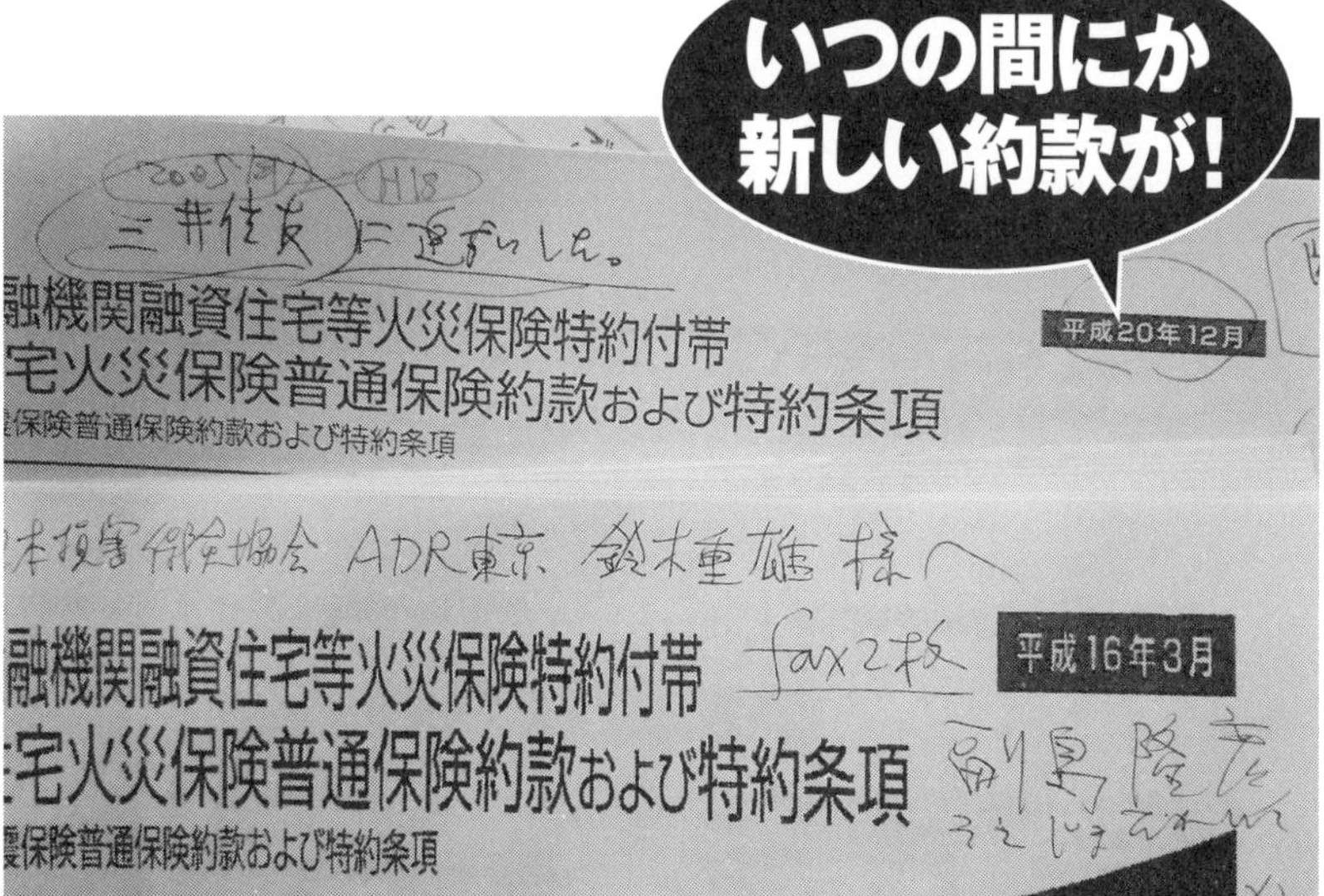

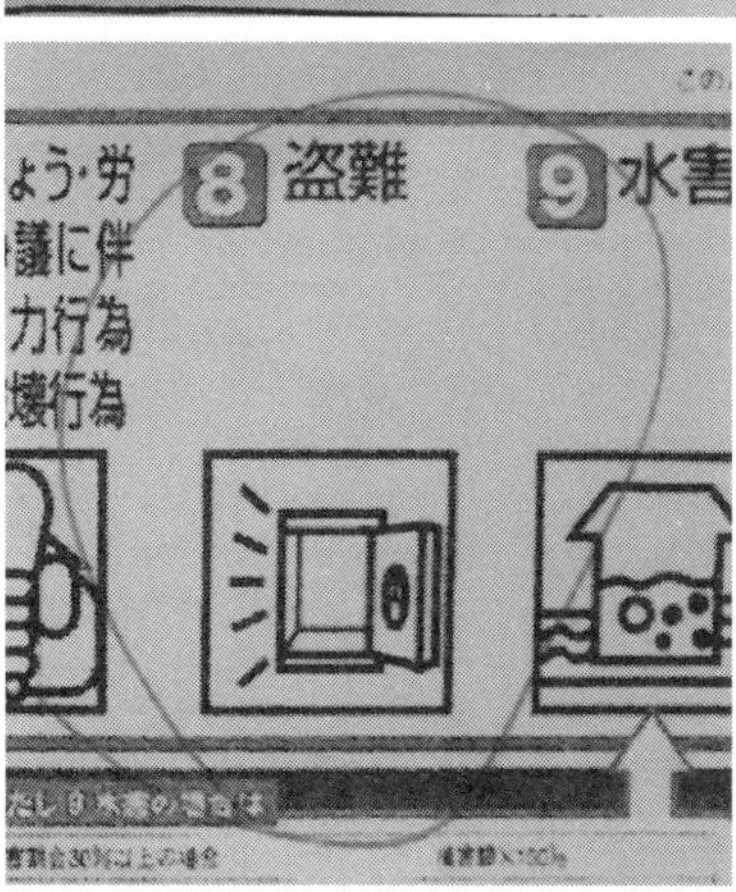

「1個30万円を超えるものは、30万円とみなす」と保険会社は言った。30万円以上の被害品目には保険金を1円も払わない、ということだ。それも、新しい約款にしか書いていなかった。その約款の存在を、私はあとから知った。

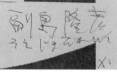

ロス・アジャスターというのは、イギリスの制度の真似をしたものだ。イギリスやアメリカだと、泥棒もたくさんいるけれど、盗まれたと騒ぐ人もたくさんいる。だからロス・アジャスターがチェックして被害の内容を評価して保険金を払う。

ロス・アジャスターはイギリス発祥で、アメリカにもある。映画の大泥棒たちや刑事たちの横に出てくる。サスペンス物の小説では、「損害調査査定人」とか訳してきた。有名な映画『華麗なる賭け』（1968年作）のフェイ・ダナウェイとスティーブ・マックイーンだったか、あるいは『おしゃれ泥棒』（1966年作）のオードリー・ヘボン（ヘップバーン）とかも、そうだったかもしれない。彼らは全然「中立」などではない。保険会社側の人間である。

日本鑑定人協会は、「客と保険会社の双方の立場に立って」などと書いてあるがウソである。この鑑定人というのは、保険会社に雇われて収入を得ている保険会社（保険業界）の手先《てさき》である。この制度そのものが問題だ。私がこう書いたら、金融庁が確実に動き出す。そういう穢《きたな》らしい連中だ。自分のことを正義の味方のお奉行さまだと思っている。

銀行と損害保険会社が持ってきた「約款《やっかん》」に、「次に掲げる物は、保険証券に明記《めいき》されていないときは、保険の目的に含まれません」と書いてあった。「貴金属、宝玉および宝石ならびに書画、骨とう、彫刻物その他の美術品で、1個または1個の価値が30万円を超

某保険会社前で。現在、訴えを検討中

某保険会社。昔の約款だから、で押し通そうとしている。それとの闘いを私はやる。

えるもの」とあった。つまり、30万円を超えるものについては保険金は一切払いません、ということだった。30万円さえ払わない。全く払わない。驚いた。

金庫の中には、１００グラムの金の延べ板が４枚あった。１枚47万円ぐらいで買った銀行の証明書付きだ。しかし保険会社は１円も払わなかった。「１個が30万円を超える」からだ。「47万円だから払わない」のだ。バラバラあった金貨の分は払ってくれた。金貨（ゴールドコイン）は一個18万円ぐらいだからだ。けど１００グラムの金の延べ板に関してはまったく払ってくれない。盗難された現金に関しては、「20万円が限度」と書いてあった。ああ驚いた。１２００万円あったのに。20万円しか払わない。なんだこれは。お見舞金か。「金庫は補償します」と言う。金庫は家財《かざい》（生活道具）だからだそうだ。その中身は保険は利かないという。恐ろしい解釈《かいしゃく》をする連中だ。これが保険会社なるものの実態だ。

　貴金属や美術品は、１個に付き１００万円しか払われない、だと。それも「あらかじめ明記《めいき》してあるものに付き」だという。この「明記《めいき》」というのもよく分からない。事前の届け出のことらしい。何を言うか。

　面白いというかおかしいというか、保険会社というのは、いざとなったらこういう連中だ。家の中にあるあれこれの貴重品を保険会社にいちいち登録している人間がいるのか。

それを明記（笑）してあっても1個につき１００万円しか支払われない。

彼らは「家財《かざい》保険ですから」と何度も言った。「家財、家財とあなたは言うけど、家財って何ですか」と聞いたら、「電器製品とか机とか、生活道具です」と答えた。そんなものを今どき持ってゆく泥棒がいるのか。あきれた。「貴重品はどうするんですか」と聞くと、「家財ではありませんので、1個30万円以下の物に付きお支払いします」と言う。そんな貴金属ってあるのか？　それだけだ。いざとなったら保険会社は払わない。この話は本当のことだ。

世の中はそんなものかもしれない。人からお金を予《あらかじ》め集めておいて、いざとなったら払わない。そういうことのために元々金融機関というのは有るのかもしれない。自分たち社員が食べるために会社があるのだ。客のことは二の次だ。客は彼らの喰い物なのだ。

9 海外で暮らす富裕層に話を聞いた

私は、マレーシア在住のA氏と、シンガポール在住のB氏と、タイのバンコク在住のC氏に東京で集まってもらう機会があったので、話を聞いた。賢く海外に資産を逃がして堅実に暮らしている人たちだ。だから彼らからは学ぶことは多い。全て私の本の熱心な読者であり、私がこれまで書いてきたことを大筋で認めて評価してくださっている。私は、自分が本に書いてきたことが、とくに小金持《こがねも》ち、小資産家《しょう》たちに支持され読まれてきたことを嬉しく思う。

日本を棄てた経営者たちのその後

副島　3年ほど前のことです。私の金融セミナーに参加していたある経営者が、講演が終わった後、私に近寄って来て、ニコニコしながら言いました。「先生、私はもう全財産をマレーシアに移しました。着々と計画を立て実行しました。先生の本がおおいに役立ちました。あとはのんびり暮らします。ごきげんよう」と。挨拶と御礼を私に言いたかったらしいのだ。彼は10億円くらい資産を持っている。経営していた会社を部下に譲って、創業者利得ももらって引退した、という。

もう一人は、5年前、マレーシアのペナン島に調査で行った時、私をわざわざ出迎えて

本気で資金（資産）を逃がすには住民票を捨てる覚悟が大事。日本の非居住者（non-resident《ノンレジデント》）になる

クアラルンプール移民局
出所：「海外移住情報」
http://www.interq.or.jp/tokyo/ystation/my.html

◆国籍はそのまま。健康保険がなくなるだけが欠点。年金は丸々もらえる。税金分を天引きされない。

◆日本の法人（会社）はそのままにする。みんなやっている。個人と法人は扱いが別、一応。

◆日本国内で住民票を宙ぶらりんにすると過料《かりょう》＝行政《ぎょうせい》罰《ばつ》になる。

◆住民票をたとえばタイへ移す。タイやマレーシアその他のタックス・ヘイブン諸国は「外国の富裕層、来てくれ、来てくれ」だ。

くれた奥様です。この方は、「先生のおかげで助かりました。私は小泉政権（2001年～2005年）の時からわかっていました」と言いました。「自分と同じ、経営者仲間の奥さんたちは、小泉さん、素晴らしい、小泉さん頑張って、と応援していた。けど、私はまったく信用していませんでした。このまま日本で、会社経営なんかやっていたら、全財産を、税金で取られてしまう。だから私は先生の本をずっと読んでいたから、資産を国外に移しました。息子たちにも財産分けしました」と。実にしっかりしている。その横にちょこんと旦那が付いていた。

もう一人は、ある一部上場の企業の役員だった人です。この人が、かれこれ10年前、私が熱海に仕事用の家を買った頃に来てくれて、言いました。「先生、このことは書かないでください。先生が書いたら日本の法律が変わりますから」と前置きして教えてくれた。もう話してもいいだろう。役員だから、退職金以外に年に1000万円ぐらいの年金が出る。日本に住民票があると、それを受け取るときに、ここからおそらく300万円近い税金を取られる。3分の1が天引きされるのだ。だから彼は、完全に日本の家も全部売り払い、子供にも財産分けして、マレーシアに住民票（レジデント）を移した。日本から見れば、非居住者《ひきょじゅうしゃ》（non-resident《ノン レジデント》）となる。これで、年金を日本で受け取っても、住民票はマレーシアに移してあるから、全額そのままマレーシアに送金してもらえる。

タイとマレーシアが有望

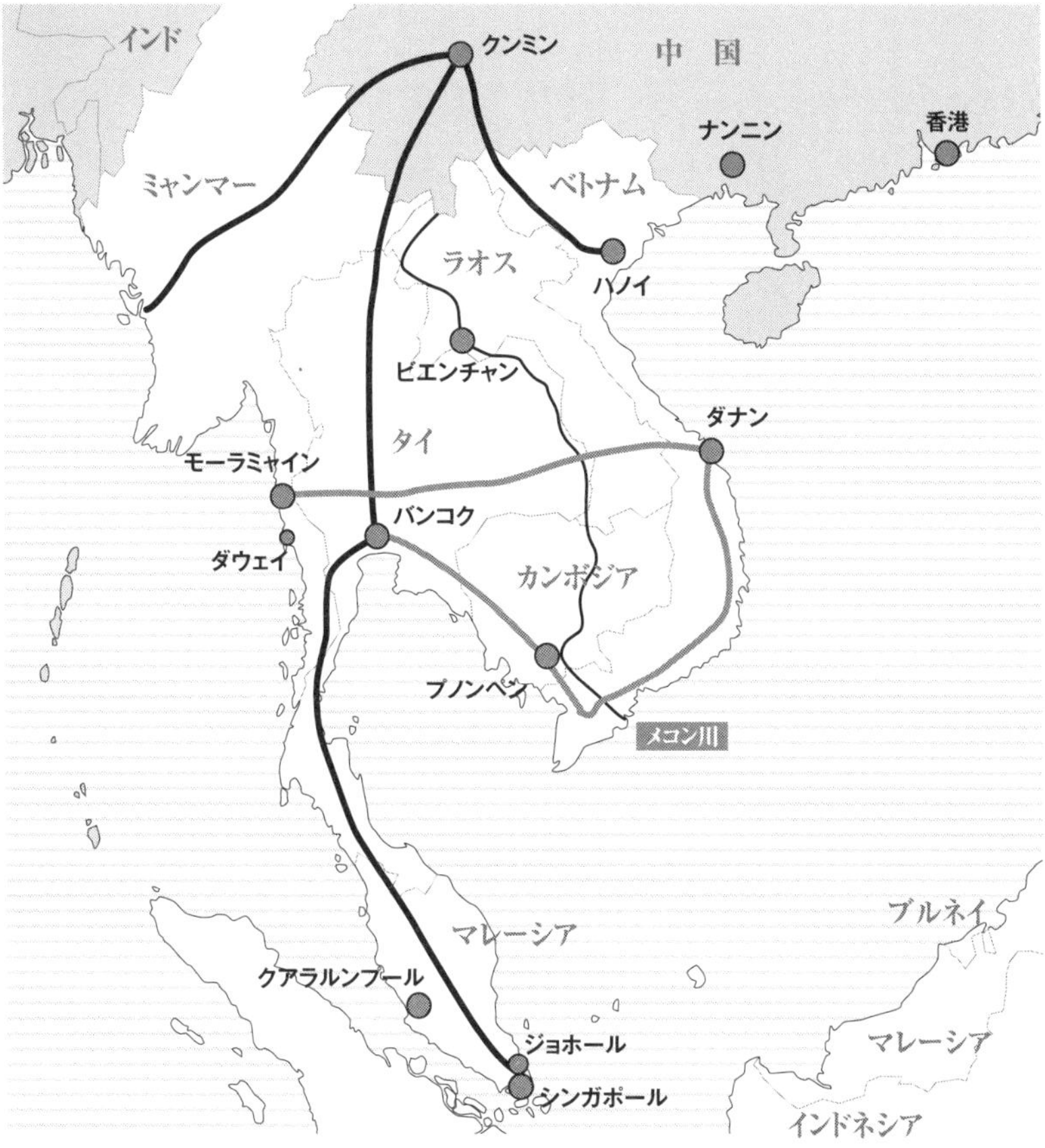

中国からタテに高速鉄道が通る（中国のクンミンから）。ミャンマーにもつながる。それに対してアメリカと日本が、ヨコに、ベトナムからミャンマーに道路を通す。タックス・ヘイブンとして、これからもっと伸びる。インドネシアが、このあと隆盛してゆく。

このあと、この制度が今どうなっているか、税制の細かいことはわかりません。今も変わらないでしょう。私が実際の事例として知っているのは、この人たち以外に、香港、シンガポール、タイ、ベトナムとかにいる人たちです。それでは、これから皆さんが知っていること、皆さんの実情を教えてください。

A氏　アジアには、タックス・フリーと準《じゅん》タックス・フリーの国が、3カ国あります。完全フリーはシンガポールと香港。マレーシアは準タックス・フリーです。いま先生がおっしゃった「海外所得には日本で課税されない」というところが、キーですね。たとえばマレーシアの事例を話しますと、ここ4年ぐらいで、首都クアラルンプール周辺の日本人の人口が、3倍になっています。1万数千人から4万数千人になりました。これは日本大使館に住民登録している人たちだけでです。

副島　それは隣の新開発都市（行政都市）であるヌサジャヤまで含んでいるんですか？

A氏　ヌサジャヤは入っていません。日本からマレーシアに移住してくる人は、何タイプかあります。まず、いわゆる富裕層。日本の住居や会社を処分して海外へ長期滞在もしくは永住し、住民票を抜いている人たちがほとんどです。所得に課税されないマレーシアの特権を享受している。シンガポールも香港も同じです。ただし、シンガポールはこれからはもう無理でしょう。事業をシンガポールで興してシンガポールに税金を納める人でないと受け入れない。ヨーロッパ人がいっぱいやってきて満杯状態です。

副島　シンガポールの永住権を求めて20万〜30人ぐらいの富裕層が待機しているといいますね。以前は、「10年更新の永住ビザ」が1億2000万円ぐらいで貰えた。それが預金と不動産購入で3億6000万円になりました。さらにそれが厳しくなっている。日本人なんかもう貧乏だから来なくてもいい、というくらいになっています。

A氏　会社の経営者で、日本の経営をしながら、住居はシンガポールに移したという人たちはいます。住民票まで移しているかどうかは不明です。勤務地をシンガポールに移して法人がシンガポールにあり、そこで所得を受けていれば、課税はシンガポールの税制になります。どうやっているかはその人次第で会社によりますね。

副島　出国税《しゅっこくぜい》というのが施行されました。その新聞記事（日本経済新聞　2015年6月

30日）の最後の一行に、「1億円以上の金融資産を持ったまま日本から海外に移住する人は、年間100人ほどみられる」と、国税庁がやった調査の数字が書いてありました。

C氏　それはすでに国外に出た人たちの人数ですね。

副島　そうです。出ているけれども、今からでも追いかけて税金をふんだくってやろうということです。たとえば、HOYAガラスの社長がそうです。住民票はシンガポールに移していて会社もシンガポールにある。けれども、まだ日本に財産がある。それを取り上げてやろうという計画でしょうね。

B氏　国外転出時課税制度《こくがいてんしゅつじかぜいせいど》ですね。2015年（平成27年）7月1日から施行されました。海外に転出する人で、1億円以上の有価証券、未決済の信用取引、それからデリバティブの資産含み益に課税する、となりました。

副島　資産の含み益は、誰が評価するんですか。

「国外転出時《じ》移転制度」という脅し

国外転出される方へ

国外転出をする時に、（平成27年7月1日から）

1億円以上の有価証券等を所有等している場合は、

所得税の確定申告等の手続が必要となります。

1億円以上の有価証券等を所有等している方が国外に居住する親族等へ有価証券等の贈与等を行う場合も同様に、所得税の確定申告等の手続が必要となりますので、裏面4をご覧ください。

出所：国税庁ホームページ
https://www.nta.go.jp/tetsuzuki/denshi-sonota/kokugai/01.htm

2015年7月1日から始まった。国税庁からの脅しそのものである。こんなことまでやるのだ。全てアメリカ様《さま》に右へ倣《なら》え、で、何でもかんでもアメリカの言いなりである。

アメリカで、こういう新しい金持ちイジメの法律が出来ると、5年ぐらいで日本でも出来てしまう。まず、「税務大学校の教授」というのが出てきて、ヘンな提灯《ちょうちん》記事のような太鼓《たいこ》持ちの論文を書いて、お披露目をする。それがいつの間にか、あれよあれよという間に国会を通って、法律になっている。

国会議員たち（law makers《ラー メイカーズ》　立法府だ）は誰も何も知らない。税金官僚たちがアメリカのポチ公になって、どんどん法律にしてゆく。誰がこんなものに従う気になるか。

B氏　これは自己申告です。すでに海外に行って住んでいて住民票は日本に置いている人が、２０１５年6月30日までに日本の住民票を抜けば、その対象になりませんでした。しかしもう遅い。これは以前から私たちの間で噂になっていたのですが、具体的な話が出てきたのは２０１５年5月です。そんな直近でしたから、日本に住民票を置いていた人の多くは、6月30日までに間に合いませんでした。海外居住者にも大使館から通達が出ました。この意味では用心深くすでに海外に移った人なら、すでに住民票を抜いていたはずです。

A氏　それはシンガポール辺りですね。１００億円クラスの巨額の資産を持っている人は、シンガポールへ移っています。マレーシアには、そこまでの資産家たちは来ていません。

C氏　香港は、永住権が取れると言われていて、私の知り合いが申請したけど、うんともすんとも返事がない。中国人とインド人、アラブ人の申請者がいて一杯だということです。一応、資産1億円を香港の銀行に預ければいいのですが。

マイナンバー制度で海外資産はどうなる

副島　香港の高級高層アパートは、高くて、床面積100平米で4億円ぐらいしますね。

C氏　そうです。羽田空港で香港からの20代の観光客の人と話しました。「日本の方が物価が安い。ホテル代やら食事やら交通費やら、香港の方がずっと高い」と言っていました。いま一人あたりのGDP（Gross Domestic Product　国内総生産）での国民所得は、日本は2014年のドルベースで、アジアで第4位に落ちて、香港に抜かれました。シンガポール、ブルネイ、香港、日本の順です。日本はもう決して裕福ではない。

副島　2015年の世界各国のGDPを見較《みくら》べても、日本は4・6兆ドル《500兆円》しかありません。1位はアメリカで17・5兆ドル（1900兆円）、2位がEU（26カ国）全体で17・2兆ドル、3位は中国の12兆ドル（1400兆円）です（IMF資料から）。中国とロシア、ブラジル、インドのBRICS（新興4大国）を合わせると、18・4兆ドルです。日本はたったの4・6兆ドル。中国はもう日本の2・6倍ある。日本は裕福な国なんかじゃない。

A氏　金持ち層が資産逃避《キャピタル・フライト》をする国の中で、住居とか会社を処分した人たち、多額の資産を持っている人は、ほぼシンガポールとオーストラリアに行っています。次のランクの人たちがマレーシアに来ている。資産10億円ぐらいの人たちです。ビザを取得したリタイア組が多いです。私もここに入ります。この人たちは、年金で生活していて、物価が安いから来ている人たちで、それほどの富裕層ではありません。あとは、日本企業の本社採用で駐在で来ている人たち。彼らも富裕層ではなくて日本へ戻ろうと考えている。親子留学で、母子で来ている人たちが増えています。インターナショナル・スクールとか中華系の学校に通わせていて、ご主人は日本で働いています。

副島　子供の留学のためなのに、親も来て住んでるんですか。

A氏　住んでいます。子供を学校に通わせている。母親はもう日本に戻るつもりはないとおっしゃっている人が多い。普通のビザではなく、留学ビザなら親が同伴ということで居られますから。他にも、現地企業に雇用されて就職している若い人たちがいる。20代の女性が多いです。おそらく日本で働くよりも生活に余裕があり、貯金もできるからだと思います。語学がもちろんできる人たちです。

他にも、日本にいてビザだけ取得していたり、不動産はもう取得している人たちです。この人たちが問題です。マイナンバー制度が2016年1月1日からスタートしました。

タイのリタイアメント・ビザの取得の条件

年齢	50歳以上
資産 ①〜③のいずれかを満たすこと	①80万バーツ(約275万円)以上をタイ国内の銀行に預金 ②月々の収入が6万5千バーツ(約22万円)以上 ③預金と収入の合計が80万バーツ(約275万円)以上
取得ビザ	・ノンイミグラントO-A(ロングステイ) ・ノンイミグラント-O　(年金受給者)
滞在期間	シングル:3カ月 マルチプル:1年
注意点	・リタイアメント・ビザ取得時の残高証明は、なるべく申請当日か前日に取得する ・ビザ取得当日に記帳し、80万バーツ以上の預金の数字を示しておく ・ビザ取得に必要な、銀行残高証明は、イミグレーションの地下にある銀行支店での取得がスムーズ

写真:共同通信

ロングステイしたい国

参照:ロングステイ財団HP

	2010	2011	2012	2013	2014
1	マレーシア	マレーシア	マレーシア	マレーシア	マレーシア
2	ハワイ	タイ	タイ	タイ	タイ
3	タイ	ハワイ	ハワイ	ハワイ	ハワイ
4	オーストラリア	オーストラリア	オーストラリア	オーストラリア	オーストラリア
5	カナダ	カナダ	ニュージーランド	ニュージーランド	カナダ

2018年から、預金に関してもマイナンバー制度で捕捉されることに一応なっている。だからこの人たちは、少なくとも2017年の12月31日までに、海外に出ないといけません。すでに国会で決議されたはずです。

副島　「預金口座に対する紐付《ひもづ》け」ということですね。

A氏　はい。先生が昔から言われていた通りです。具体的にはどうやるか。新規の口座は、マイナンバーにまず登録させるようです。既存の預金口座については任意登録ということでスタートする予定らしい。

副島　麻生太郎財務大臣が、3年後には紐付《ひもづ》けを義務化すると言った。国内でこういう話をすると、富裕層は慌てる。ただし、日本にいる人たちは会社経営をやめられない。従業員もいます。責任もあるのでなかなか行けない。あと家族だけが行くやり方もあります。逃げ出す準備だけはしているということです。準備をしていても、実行しないと、2018年以降はもう捕捉される。2020年代に、日本の財政が決定的におかしくなり金利も大きく上がったときに、預金税とか財産税とかいって確実に捕捉されるでしょう。

C氏　それはいくらの基準になるか。1千万円から上という噂もある。だからほとんどの人が、緊急時の財産税で持って行かれる。

移住したら日本の健康保険は捨てる

B氏　移住した富裕層が抱える心配は、健康保険がないことです。ここが一番の課題です。住民票を抜いていますから、日本の健康保険にはもう入れません。それで、現地で入れるかというと、入れない。特に高齢者は入れない。どうするか。日本の海外旅行保険に入るという手があります。持病持ちだと断られるそうです。60代で断られた人がいます。それではどうすればいいかというと、ロンドンやアメリカの旅行保険がある。これは99歳まで入れます。おそらく、日本の健康保険に入るよりも、安いか、同額ぐらいの支払い額です。治療費は全額出ます。私も入っています。日本でも入れる。日本でも日本の病院に行けます。アメリカ本土以外、世界中どこでもOKです。こういう保険があるのです。具体的に言うとＩＮＧ《アイエヌジー》です。

副島　ＩＮＧとは、オランダの会社ですね。世界最大の保険会社、ＡＩＧ《エーアイジー》が潰れました。そのＡＩＧとずっと競争していたのがＩＮＧです。ロスチャイルド財閥系の企業ですね。

Ｂ氏　現地にいる日本人富裕層も、この情報を知らない人が多い。話すと「紹介してくれ」とよく言われます。

副島　日本から見たノン・レジデントになることで、唯一のデメリットは、おっしゃるように健康保険がなくなることですね。ただし健康保険料（本当は保険税）は、日本にいると、自営業は年収1千万ぐらいでもすぐに上限の毎年80万円の支払い（強制徴収）になります。だからもう、そんなバカ高い保険料なんか払わなくていい。病気の時は自費で払いなさい。かえって安く済む。80万円にもならないだろう。

日本に帰ってきて歯医者さんにかかっても、今はすでに歯医者は自費に近いですね。きちんとした高級治療を受けると、保険なんかほとんど意味がありません。こんな健康保険なんか、意味がないから捨てていい。それで、Ｂさんから話が出たＩＮＧの海外保険に入ればいい。海外で死ぬ覚悟で出て行ったのだから。墓なんかもう要らない。2億、3億を相続税で取られるぐらいなら、我慢して海外で死ぬと決めたのですから。どちらを選ぶかですね。もうこういうところまで世界が来てしまった。

A氏　マレーシアの大病院で、インド人医師で、胃カメラ飲んで検査して4万円です。日本より安い。全然負担じゃない。日本は今度、介護保険が、65歳以上の人は、支払額が倍になると聞いています。

副島　だから、健康保険は恩恵だ、ということを、官僚たちは恩着せがましく言っているけど、もう通用しない。

A氏　あとマレーシアで問題なのは、イスラム教なので火葬をしない。土葬です。本当は水葬なんですけど。焼却はしない。それで健康保険と入院保険だけ入っておけばいい。あとは生命保険とがん保険ですね。

海外の不動産投資の実情

C氏　お金がある人は海外の不動産を買うのがいい。不動産を買うときの注意点は、言葉ができる人であれば、実は仲介業者を使う必要はない。3%取られますからね。

副島 そのときの言葉は英語でいいんですか。

C氏 英語でいいです。

A氏 マレーシアの場合は直接ディベロッパー（開発業者）から買う。次のことは日本からの客に知られたくない話です。ディベロッパーがエージェントに手数料を払う仕組みです。買った人が払う必要はありません、ところが日本から行った人はこれを払っています。

副島 購入金額の3%を取られてしまうんですね。するとダブルで払っていることになる。

A氏 これは現地の日系不動産会社が書いてほしくない話です。これをぜひ先生、書いてください。

国際免許証が使える

A氏　日本で国際免許証を取って行けばいい。国際免許証は、有効期限が1年です。これがあればビザを取る時に、すぐに現地で免許証を発行してくれます。これがマレーシアでは身分証明書がわりになります。どこに行ってもこれでOKです。パスポートを出さなくてもいい。こういうのがないと、現地で生活できません。海外に住居をひとつ買って持ってないといけない。

B氏　海外に住みに行くことは違法じゃない。日本にあと大金持ちの人たちは何割ぐらい残っているんだろうか。ほとんど逃げ出したと思いますよ。

副島　100億円くらいの資産を持っている人たちは、世界的なビジネスをやっていた人たちだから、海外に工場を造ったときにノウハウを知ったから、20年前ぐらいから個人資産も逃がしている。完了している。日本の資産家は、不動産を持っている。しかし、今や不動産が本当にいくら値段がするかわからない。

2011年の3・11の大地震・大津波《おお》以来、日本の土地は値段がひどく落ちている。とくに太平洋側の本当に、もう海抜30メートル以下は値段がつかないのではないか。このことは日本国内では言ってはいけない、書いてはいけないタブーになっています。地価がガタンと落ちて実際はいくらなのかわかりません。日本の不動産は売ったら必ず捕捉されるから、その時は堂々と銀行送金するしかない。そして堂々と海外資産を買えばいい。海外に移住する自由はあるわけだから、移住してしまえばいい。

C氏　日本でも海外所得には課税されません。その国で課税（10%とか低い税率）されますから。日本からの年金をもらっていても課税されません。そのままの金額を海外の銀行宛てに送金してくれ、と日本の厚生労働省の年金機構に依頼すればいい。素晴らしいことだ。海外に送金すると言ったら天引きしないんです。事前に届けを出しておく。ドルで送られます。タイもマレーシアは税金ゼロです。

副島　ボーナスと退職金は、日本でも30年前は税金がなかった。今はボーナスからも1割5分ぐらい取っている。ひどい話です。

A氏　あとマレーシアは、55歳以上の人はシニア・シチズンと言って、レストランなんか

マレーシアのMM2Hの取得のための条件

50歳未満	50歳以上
・最低50万リンギット（約1500万円）以上の財産証明[*1)]と月額1万リンギット（約30万円）以上の収入証明が必要。 ・仮承認がおりた後は、そのうちの30万リンギット（約900万円）をマレーシアの金融機関に定期預金する必要がある。 ※2年目以降は医療費、家の購入、同行した子供の教育費目的に15万リンギットを引き出せる。	・最低35万リンギット（約1050万円）以上の財産証明[*1)]と月額1万リンギット（約30万円）以上の収入証明、又は年金証明[*2)]が必要。 ・仮承認がおりた後は、そのうち15万リンギット（約450万円）をマレーシアの金融機関に定期預金するか、毎月1万リンギット以上の年金を受領している証明をするか、選択可能（申請時に選択）。 ※2年目以降は医療費、家の購入、同行した子供の教育費目的に5万リンギットを引き出せる。

*1）財産は預金や有価証券が含まれる。残高証明は、申請時からさかのぼり3カ月間、各月規定額が預金されている残高証明が必要（例:2017年2月申請の場合、2017年2月時点、2017年1月時点、2016年12月時点の残高証明が必要）。収入証明は収入が記載された銀行口座の書類を提出。

*2）年金証明は基礎年金の他、厚生年金と政府が承認した企業年金も含まれる。

マレーシアの首都クアラルンプールのペトロナスツインタワー。この周りにタワーレジデンスがどんどん建っている

写真：ロイター=共同

半額になるんですよ。

副島　へえ。55歳からですか。

A氏　高齢者を結構優遇してます。昔は退職者は55歳だったんですね。いま60歳になりました。私もレストランで半額になります。そういう優遇があります。市民権（住民票）を持っていれば大丈夫です。だからこの2年ぐらいで日本から出ないとダメですね。

マレーシアのビザの取り方

A氏　マレーシアは、ビザを取るのに、ＭＭ２Ｈという制度があります。「マレーシア・マイ・セカンド・ホーム」の略称です。日本円で、20万円ぐらいで申請して取ることができる。日本にもこれの代行業者がたくさんいます。取るのに半年ぐらいかかる。

マレーシアの銀行に預金を35万リンギット（約１０５０万円）すればいいんです。

それと無犯罪証明書です。この書類も出さないといけません。現地に一度は行かないといけない。１回行って銀行口座を開いて、日本から送金して、それで銀行からの証明書をもらう。お役所に行って証明書を発行してもらう。これでビザは10年間のものが貰えます。預金については、しばらくしたら4千万円に上がるという噂が現地であります。というのは、周りの国々が、どの国も最低そのぐらいになっているからです。

副島　マレーシアは格安なんですね。

A氏　格安です。どういう国の人が来ているかというと、中国、韓国、あとバングラデシュ、日本人です。日本人が最近増えて、おそらく1位か2位ぐらいになっている。前述したとおりクアラルンプールだけで日本人は4万人住んでいます。

副島　現地駐在員とその家族を含めてですか。

A氏　そうです。MM2Hの人は1万人いないと思います。これで実際に住んでいる人はもっと少ない。イギリス人とかアメリカ人（以前、米兵だった人とか）、そういう方たちが住んでいます。物価はものによりますが、日本の3分の1から半分ぐらいです。和食を食べると3分の2ぐらいです。牛乳は200円超します。ものによるんですけどね。あと一年中夏ですが、朝夕は23度ぐらいですから、日中は30度超しても涼しい。

副島　だから過ごしやすい。

A氏　ええ。クアラルンプールは特にそうです。マラッカとかペナンに行くと暑い。クアラルンプールは朝夕涼しい。緑もたくさんあります。

あとマレー人の特徴なんですが、フレンドリーです。いつもニコニコして海外からの人を受け入れてくれる。特に日本人は非常にウェルカムですね。というのは、先生の本によれば、マハティールの政策のおかげです。ルック・イースト政策で、「日本や韓国に学べ」とやったので。あとアジア通貨危機（１９９７年）のときに、日本がお金を出してくれてマレーシアを救ったんです。そのことをマレー人は知っています。だから日本人ウェルカムです。これまで嫌な目にあったことないです。

ただし悪いこともあります。まず治安の面ではひったくりが多い。ミャンマーとかカンボジアから来た人たちが、バイクに乗って女性のハンドバッグを奪ったりします。日本人の学校帰りの子供を狙った誘拐、とかも現実にあります。

あと衛生面。特に女性はトイレですね。ショッピング・センターとかのお手洗いの床が水によく濡れている。イスラム式の手洗いをするからです。日本のトイレはどこもきれいですから、このことを奥様連中が非常に嫌がります。あと、何を進めるにも時間がかかる。日本で半日仕事は、1日で、1日仕事は2、3日かかります。何事も進まない。

副島　おっとりしているんですね。

A氏　普段の移動手段は自動車です。車社会ですから、電車には乗りません。高速代も安い。100円もかからない。結構みなさん海外旅行しています。カンボジアに行ったりベトナムに行ったり。あと中東のドバイへ行ったり。同じイスラム教徒ですから。富裕層の人たちは、南回りでヨーロッパへ行きます。のんびりと楽しんでいる。私は良い地区に住んでいますから、だいたいスリーベッドルーム、ツーバスルームです。150スクエアです。もちろんプール付きでジム付きです。

副島　平米に直したらどのくらいですか。

A氏　130平米ぐらいでしょうか。家賃だと10万円ぐらい。3000リンギットです。

かなり良いところでその値段です。日本人が住んでいるところは決まっていて、モントキアラ、サウジャナというところです。その辺に良い物件があります。そのあたりもだいたい家賃10万円です。

副島　クアラルンプールの中心から車で30分くらいのところですね。

A氏　そうですね。クアラルンプールにもブランド・ショップが並んでいて、世界でいま売上規模が4番目になっています。パリ、ニューヨーク、東京の次なんです。中東のアラブ人たちが買いに来ますからね。だから日本人が考えてるよりも、中心部はきれいで発展してて、この4、5年で大きく変わったと言われてます。今は高層ビルばっかりです。

10

税金官僚は企業を洗脳する

国税通則法の改正が意味すること

「国税通則法《つうそくほう》」という法律がある。税金の徴収の手続き法だ。これが2011年に改正された。税務調査（ガサ入れ）の手続きが、さらに厳格に定められるようになった。一件一件の調査に時間がかかるようになった。なぜ手続きを厳格にしたか。簡単に言うと「もう税務署員たちの現場に権限はありませんよ」ということだ。これからは現場で勝手に決めさせない、という上《うえ》からのお達しだ。これまでは、現場の調査官（税務署員）と社長、税理士とで話し合って、「この辺でどうだ、この辺で握っとこう（互いに納得しよう）じゃないか」と、現場で話し合える部分があった。それをなくすということだ。実際、税務調査の現場で決められる部分が大きく減った。

国税庁は、国民の営みの、微《び》に入り細にわたって把握した上で、「何かトラブルを起こすと、いろんな不利益を受けますよ」と現場を脅す。現場の決裁権限が著しく減った。その結果、事案《じあん》のさばきが遅れるようになった。税理士たちの業界用語では、これを「実調率《じっちょうりつ》が減った」と言う。たとえば申告書が納税者から100通出たとする。その100通のうち、実際に税務調査で調べる件数が、40％も減ったということだ。大幅に減っている。行政が遅滞している、これは当局として憂慮すべき事態だ、と国税庁が分析、レポートした

国税犯則《はんそく》取締法が大幅に改正され(68年ぶり)、締め付けはさらに強くなる

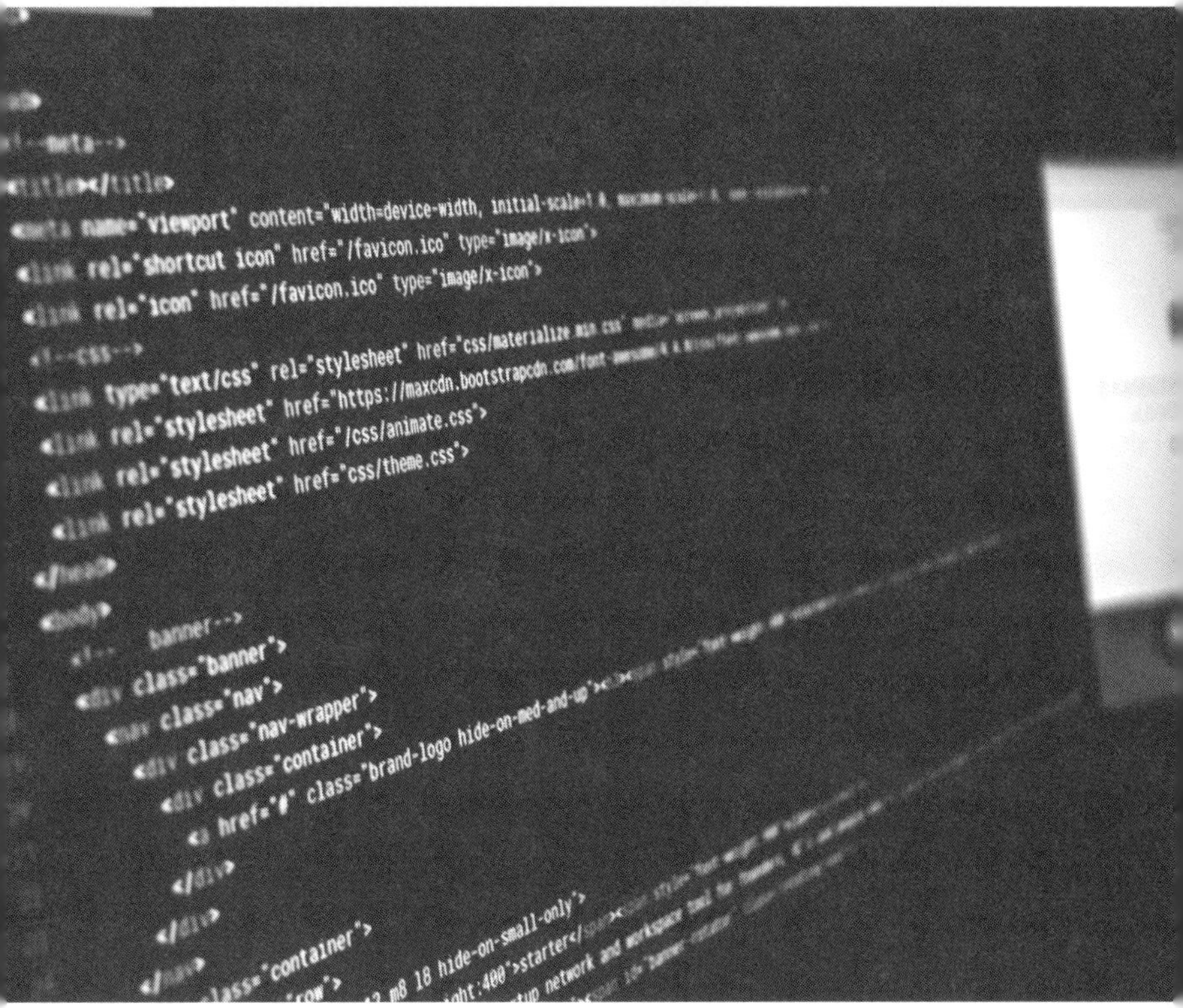

「電子メールやネット上の情報を強制的に押収できるよう法整備に取り組む」(産経新聞2016年10月29日)だと。電子メールに書かれたものもマルサ(査察部)の証拠文書にこれからはすると、公然と宣言したことになる。

のだ。これが国税通則法の改正につながった。

この対応をどうするのか。予算がないから税務署員を増員することはできない。だが国税庁は前々から考えていた。簡単だ。**企業に自分で自分の税務調査をさせればいい**のだ。これで現場への締め付けはさらにきつくなった。

●「納税優良企業、税務調査の負担軽減　頻度少なく　国税庁、まず十数社に適用」

国税庁は、税務に関するコーポレートガバナンス（企業統治）の体制が優れている、と認めた大企業を対象に、1~3年に1回行っている現在の税務調査の頻度を減らす新制度を始めた。7月からまず、十数社に適用し、対象企業を順次、増やす。公務員改革などで国税職員が減る中、税に関するコンプライアンス（法令順守）意識の高い企業への税務調査を省略する。国際的な租税回避策《タックス・イベイジョン》など、複雑化する調査の方に限られた人的資源を有効配分する狙いがある。

「優良」と認められれば、企業にとっては事務コストを大幅に削減できる。今後の企業の租税対策にも影響を与えそうだ。

国税庁によると、新制度の対象となるのは、全国11国税局の調査部が所管する法人のうち、資本金が40億円以上の大企業約500社。これは全法人数の約0・0

2％だが、申告所得額は9兆円と、全法人37兆円の4分の1を占める。
国税当局は、この500社のうち、税務に関するコーポレートガバナンスの体制をA～Dの4段階で判定する。「優良」と判定したA段階の企業から、過去に悪質な所得隠しの指摘が無いかなどを考慮し、十数社を選んだ。これらの企業に対しては、申告漏《も》れなど税務上の指摘を受ける可能性が高い取引を、自主開示することを（引用者註：優良、即ちお利口さんの企業の）条件とした。（後略）

（日本経済新聞　2013年8月26日）

今、日本には、大企業と呼ばれる会社が1万社ある。会社と名のつくものは約300万社だ。300万社のうちの1万社がいわゆる上場企業等《など》の大企業だ。さらにその中の「500社」をまず国税庁にとっての優等生、お利口さんに、認定すると書いてある。そして「コーポレート・ガバナンスの体制をA～Dで判定」する。つまりA～Dで等級分けする。『優良』と判定したA段階の企業から、過去に悪質な所得隠しの指摘が無いかなどを考慮し、十数社を選」ぶという。Aとランク付けされた優良企業は、税務調査を省略、あるいは簡略化する、と。逆にDとなると、国税庁の言う言い方をすれば、「深度（しんど）のある調査を行う」とした。徹底的に痛めつけてやる、ということだ。

これは税金官僚たちからの企業経営者に対する脅しだ。「お前ら経営者の性根《しょうね》が正しいかどうか、そこを見るんだ」と言っている。「根性が曲がっていたら叩き直してやる」と。

Aランクにされた「優良企業」は、自主的に、自分たち幹部がすすんで会社を監視して、「正しい納税」をする。そういう「正しい」ことができる企業は、税務調査をやらないよ、という話である。

官僚のスパイを養成するための「コーポレート・ガバナンス」

この等級付けの指針になる「コーポレート・ガバナンス（企業統治）」というのは、「政府、官僚が会社のトップの脳みそを洗脳する」ということだ。税金官僚たちは、近年、「コーポレート・ガバナンス」とかいうヘンな横文字の言葉を持ち出して、民間企業のトップたちの頭をグラグラにして、揺さぶりをかけて、言うことをきかせようとする。そのために国税庁と金融庁のスパイを企業に送り込む。

２０１５年３月に、東証と金融庁が組んで、「コーポレート・ガバナンス・コード」corporate governance code というのを作って押しつけてきた。アメリカが後《うし》ろにいて、やれと命令するからだ。何でもアメリカの言いなりだ。東証一部上場、二部上場の全会社

2400社にだ。「社外取締役を必ず2人入れろ」とこの法律で命令した。

これまで社外取締役《しゃがい》（outside directors　アウトサイド・ディレクターズ）というのは、世間《せけん》で有名な経営者たちを集めて、「経営指南《しなん》」とかで、ワイワイお話し合いをさせるだけで、現職の経営トップたちが仲良くしている人たちだった。ところが、これからは企業の中身を暴く。本当のお金の動きを暴く。その企業の秘密を捜索する。要するに公式の、公職の企業スパイだ。それを入れろという。だから弁護士や会計士業界が色めき立った。国税庁上がりも、この社会取締役に入れる、という。国税庁（法人課税局）と金融庁のスパイだからそうなる。

企業は貿易取引の決済のためのL／C《エルシー》（信用状）を出すから、それに関わる決済資金を、世界中のあちこちに持っている。そこで動いているお金を、今後は全部把握してやると税金官僚たちは決めたということだ。

会社にはそれぞれの会社の秘密がある。あるに決まっている。代々の経営者たちは、「わが社の秘密」を持っている。そこを掴《つか》んで弱味を握って、それを材料にして、経営者をゆすって締め上げる。

この「コーポレート・ガバナンス・コード」の「コード」というのは「指針」と訳してある。本当はコードとは法律のことだ。なのに「法律ではありません」とか書いてある。

ガバナンス　governance、ガヴァニング　governingとは、支配、統治《とうち》、管理だ。誰が会社（企業）を支配・統治するのだ？　と考えたら、「企業の自己統治《セルフ・ガバナンス》をしっかりさせようということだ」と税金官僚たちは詭弁《きべん》を言うだろうが、本当は、統治するのは自分たち役人なのだ。民間企業の活力《かつりょく》に対して役人どもという非《ひ》生産人間ども（国家の寄生虫《きせいちゅう》、パラサイト　parasite）が、こんなに威張りくさる。これからは統制経済（コントロールド・エコノミー）だから、企業統制をビシバシやってやる、ということだ。

お金を握っているところが強い。会社の中なら経理部だ。財務、経理は管理部門だ。本当はここも何の生産性《プロダクテイビテイ》がないのに、たいていどこの会社でも経理部は威張っている。自分たちが会社の肝《きも》を握っていると思っているからだ。経費節減とかムダを省《はぶ》け、で他の部署を顎《あご》で使いだす。要は、社内の官僚様《さま》だ。お金を扱っているところがどうしても一番強い。

戦争の時も、戦争の前線にいる将軍たちよりも、陸軍と海軍の主計《しゆけい》　appropriation《アプロプリエイション・》 officer《オフイサー》が強かった。主計《しゆけい》が軍の予算を扱い、物資を分配決定するから力があった。今の日本の財務省でも主計《しゆけい》局長がトップだ。事務次官より力があるだろう。巨大な国家予算を握り、動かす。アメリカではこれを congressional budget office《コングレショナル・バジエット・オフイス》（議会予算局。CBO《シービーオー》）という。

この「お金のトップ」（部署）は、ひどい財政赤字、経営危機、資金繰《ぐ》りで今にも発狂しそうな厳しい立場である。だから他の部署をいじめ抜く。

官僚は、投資家も使って経営陣を痛めつける

「税務署が大企業をA〜Dのランク付けをする」という記事が出て、さらに嫌なことが起きた。

株主総会で、投資家たちが、「コーポレート・ガバナンスの税務について伺《うかが》います。税務コンプライアンスの達成度合いについて、ABCDと、これからはランク付けされると日経新聞で読みました。当社のランクはどれですか」と聞いてくる。国税庁から企業がペナルティを科され、思わぬ税金がかかってくると、最終利益が減る。すると配当金が減る。こういうマイナス材料は投資家にとっては、よろしくない。仮にその企業がDの劣等生で、「深度《しんど》のある税務調査」をされた場合、予想以上に税金を取られる。

大企業が税務調査への対応をすると、それだけで1回で何千万円がかかる。会議室に10人くらいの税務署員がきて、2カ月くらいずっと居座る。そこに、経理部員が対応係で張り付く。税務署員が「あれ出せ、これ出せ」をやって、経理部員に難題をふっかける。通

常の業務が進まない。そこで税務のプロフェッショナルがつく。防御側も税理士を何人も雇って防御する。攻め立てる国税側にも公認会計士がいたりする。そのギャラ、コスト、それを金額に見積もると、千万円単位のお金が1回でかかる。

先の質問が株主総会で投資家、株主からされたら、知っていたら開示《かいじ》せざるを得ない。ところがそのための国税庁からの通知制度はない。ＡＢＣＤの格付《レイティング》けは公表はないのだ。それとなく脅しで各《かく》企業に非公式で教えるだけだ。通知されていなければ開示もしようがない。だから経営側は知らないと逃げる。

ところが、投資家（もの言う株主）はさらに突っ込んでくる。「御社で過去5年間の間に、重加算税《じゅう》の課税事実はありましたか」。つまり、税務に関する不正行為はありましたか、と聞いてくる。経営者は、これは自分たちでわかることだから、「知らない」とは言えない。そこで「あります」と答えたら「じゃあ、何があったのだ」で、どんどん突っ込まれて、厳しい立場になる。

本当だったら1千万円の税金で済む箇所を、堅く堅くやって1千200万円払っておいたとする。本当は払い過ぎだ。けれどもこの1千200万円を手堅く払っておけば、あとで2千万円持っていかれる可能性が低くなる。ここで勝負をかけて、500万円しか払っていなかったら、あとでまとめて取られる。だから普段から国税庁に「おみやげ」を持たせておいて、喜ばせておいたほうがいい、と考える。恨まれないで済む。「税務署へのおみやげ」を知らない人は、現実の世の中を知らない人だ。大人ではない子供ちゃんだ。

どうせ経費は経費だ。税金も経費だ。国に差し上げる分を多くしておいたほうが、あと狙われないで済む。これも経費削減だ。そうやってリスク・ヘッジする。このような事前の萎縮《いしゅく》効果で「高い税金を企業から自らすすんで払うようにしむけること」を、国税庁は「コーポレート・ガバナンス・コードの導入」と言って狙っているのだ。個人の金持ちたちへの「出国税《しゅつこくぜい》（国外転出時《じ》課税制度）」や「国外財産調書（外調《がいちょう》か？）」と同じ監視強化だ。

企業の税金裁判が増えている

企業に多額の追徴《ついちょう》課税が起こった場合、昔は、「当局との間で見解の相違がありましたが、当局の指導に従って修正申告を行いました」で済んだ。しかし最近はそれでは済まない。「見解の相違」の一言だけでは片付かない。だから今は税金裁判（租税訴訟《そぜいそしょう》）が多い。そこに外国課税問題がからんでくる。

●「課税取り消し、二審もＩＢＭ側が勝訴　東京高裁判決」

東京国税局から約３９９５億円の申告漏れを指摘された日本ＩＢＭの持ち株会社が、課税処分の取り消しを求めた訴訟の控訴審判決で、東京高裁（山田俊雄裁判長）は、３月25日、国側の控訴を棄却《ききゃく》した。約１２００億円の課税を取り消しＩＢＭ側の勝訴とした一審・東京地裁の判断を維持した。

問題とされたのは、自社株の売買に伴って、一定の税務上の損失を計上する制度と、連結納税制度を組み合わせた取引だ。国側は「持ち株会社はペーパーカンパニーで税逃れ目的の取引だった」と主張し、ＩＢＭ側は「法的に問題ない」と反論していた。

一審・東京地裁は「持ち株会社《ホールディングカンパニー》は一定の機能があった」としたうえで、株の売買条件について「不合理、不自然とは言えない」と指摘した。「こうした手法を明確に禁じた当時の法規定も見当たらない」として「制度を乱用して税逃れを図ったとまでは言えない」と判断した。判決を不服として、国側が控訴していた。

（日本経済新聞　２０１５年3月25日）

このＩＢＭ事件やヤフー事件とか、いろいろある。

企業の立場も苦しい。〝ものを言う株主〟たちに、「国税庁と見解の相違があったら、なぜ闘わないのか。納得がいかないいんだったら闘うべきだ。何で、それを唯々《いい》諾々《だくだく》と飲むのか」という言い方をされるようになってきた。じゃあ、といって闘っても、ほとんどの場合、国と闘うと負ける。裁判官たちもグルだからだ。すると今度は結局負けるような裁判を誰の責任で行ったのか、と株主が経営者を吊るし上げる。どちらにしても、経営者は吊るし上げられる。

そうなってくると、トラブルをあらかじめ避けたほうが企業にとっては得策だ。税金官僚たちは、こういう思考に経営者を追い込む。だから「自分で自分を税務調査して、自分たちの税務調査をしろ」という悪賢い手口を考えた。あれこれ言うより、社長の脳みそを変えるほうが早いと考えた。社長の脳みそが早く切り替わったところは、税務調査に行く必要はない。進んで税金を払うだろう。だからAの納税優等生になる。これで洗脳は完了するのである。

「コンプライアンス」という密告制度

数年前から、企業のコンプライアンス、コンプライアンスとうるさくなった。元々、気持ちの悪いコトバだ。

このコンプライアンスは、「法令遵守《じゅんしゅ》」と訳す。が、もっと真実を言うと密告制度のことだ。同じことが役所でも起きている。国家公務員たちで、自分の部署の秘密を外に漏らした者は、10年の懲役となった。これが２０１３年に騒がれた「特定秘密保護法」の実態だ。ＣＩＡの職員（日本の横田基地にも1年来ていた）で、何十万件ものアメリカの重要な国家機密《ステイト・シークレット》を持ち出して、ネット上に公開したエドワード・スノーデンの事件（２０１３年6月発覚、スノーデンは香港そしてロシアに脱出した）があってからだ。

アメリカで、「ヒラリー・メール事件」が２０１３年から騒がれた。真実は、このスノーデン事件で出たヒラリーメールが出発点であり原因である。このことをアメリカの上層《じょうそう》部《ぶ》は、メディア（テレビ、新聞）を含めて知っているくせに、認めない。国務長官（日本では外務大臣）だったヒラリー・クリントンが受けた打撃はものすごく大きかった。それがヒラリー落選、トランプ当選の本当の始まりだったのだ。このスノーデン事件で、公務員自身への監視が強化された。

日本にも公務員たち同士での密告制度があった。情報公開法《じょうほうこうかいほう》の一種だ。これでタレコミの情報提供をさせようとした。ところが、スノーデン事件で、衝撃を受けて、「国家の機密が外に漏れる」と、政府自身（国家体制そのもの）が震え上がってしまった。自分たちの悪事がバレてしまう。このあと、公務員は全部研修を受けて国家の機密を漏らした人間は、捕まえて10年の刑にする、とした。それが特定秘密保護法だ。だから菅《すが》官房長官が「いや、これは公務員に対しての問題であって、新聞記者たちへの報道規制、表現の自由への侵害での法律ではありません」と言ったのだ。ところがコンプライアンスと内部通報制度（密告制度）は、民間では今のままやらせる気である。

前述したコーポレート・ガバナンス・コードも、最初はトップ500社が対象だった。ところが、500社だけじゃありませんよ、というお達しが、2014年12月に、税理士たちの業界紙に出た。

最初は500社だったのが、上場企業全体に広げ、さらには中小法人にも広げる、という話だ。「自主点検チェックシート」をつけろ、だ。これは子供たちに、塾や学校でやらせているものと同じだ。自分で自分に点数をつけなさい、という実にイヤらしい制度だ。自己申告制度で、自分を管理する能力を磨こうとか、自分で自分を鍛《きた》えてもっと決まりを守る人間になりましょう、ということだ。フザけるな、である。こうやって経営者の脳を作り変えていく。金持ち個人に対しても同じようなものだ。

外国企業への締め付けは厳しくなっている

同じく、海外で商売をする企業への締め付けも厳しくなってきている。これを国際協調で行なおうとしている。各国の税金官僚たちの横のつながりの強化だ。商売をするのはいいが、払うものは払え、ということだ。

●国際課税新ルール「結局は増税？」企業警戒（真相深層）

日米欧に新興国を加えた44カ国がまとめた、国際課税の新ルールに日本企業が揺れている。企業が行なう行き過ぎた節税策（引用者註。税金を払いたくないと行なう企業行動）を防ぐ狙いだ。だが、米、欧、中の解釈の不一致を残したままでの合意となった。折しも世界景気の減速で、各国政府とも自国の税収確保に躍起になる時期だ。日本と関係国の税の二重取りが発生し、事実上の「増税」になるとの懸念がくすぶる。（中略）

新ルールは、国際協調を確認した指針で、拘束力のあるそれぞれの国内法にどう反映させるかは各国次第だ。経済産業省の有識者会議は昨秋の報告書で「新ルールのとらえ方は各国それぞれの立場で大きく異なる。調和しないと企業が影響を受ける」と指摘した。
44カ国が新ルールに合意したのは、昨年10月。ペルーで開いた主要国の財務相の共同記者会見で、早くもその兆しが出ていた。（中略）

◆対立でしこり

英国は昨春、税逃れを封じる決め手として「迂回《うかい》利益税」と呼ぶ税金を、独自に導入した。企業の国外取引を英当局が検査し、企業が利益を不自然に外国に移していると判断すれば重税を課す。英国が、主要国で税逃れ対策を詰めているさなかに見切り発車で新税を導入した。このことで、英国は猛反発を受けた。

「勝手なことをするな」。ルー米財務長官がオズボーン英財務相を一喝した場面もあったとされる。そもそも新ルールが導入されることで税負担が増えるのは、節税策に熱心な米国系大企業が多い。米国は渋々新ルールにお付き合いしている面があった。その分、英国の独自路線が目に余る、と感じたようだ。（後略）

（2016年1月22日　日本経済新聞）

この記事の終わりの、アメリカ財務長官が、イギリスの財務大臣を怒鳴りつけた、という箇所が重要だ。イギリスが抜け駆けをして新しい税金の法律を導入した、ということだけの話ではない。アメリカは、腕力にものを言わせて、イギリス（かつての大英帝国《ブリテイツシユ・コモンウエルス》。このあと20世紀に入って凋落《ちょうらく》、衰退した）が今も持っている旧大英帝国の小さな島々（今はそれぞれ一応、独立国だ）への監督権や、警察権がうらやましい。イギリスのＦＳＡ《エフエスエイ》（金融サービス庁。本当はイギリス経済警察）が持っているタックス・ヘイブン諸国への検査権を、イギリスからアメリカは取り上げたい（譲り受けたい）が、これができない。

だから米と英はこのことでいつもいがみ合っているのだ。

II

世界は統制経済へ向かう

統制経済はすでに始まっている

預金封鎖が数年後に近づいている。どう考えてもそうなる。自由企業制《フリー・エンタープライズ・システム》とか市場経済《マーケット・エコノミー》は死ぬ。統制経済《とうせいけいざい》そのものだ。国家は自分が生き残るために国民（民間部門《シビック・センター》）に損をおしつけて統制する。社会主義や独裁体制と一緒である。

強制的にやらないといけない事態になったら、国は緊急で法律をどんどん変えてやる。

本当はアメリカ発の世界金融恐慌だった２００８年９月のリーマン・ショックのときに、大証券、大保険会社、大銀行が一斉に軒並み倒産した。アメリカ政府は、緊急の支援でこれらを丸ごと全部助けた。あれから８年がたつ。アメリカ帝国はなんとか生き延びた。しかしあのとき、無理やり国《くに》の金《かね》（財政資金）で金融業界を救済したものだから、その毒《どく》が、政府の方に移ったのだ。今もその毒は消えていない。これが次の金融大暴落の原因となる。

米財務省があのとき緊急で発行した巨額の国債そのものが大きな毒《どく》だ。その総額はどこにも書いていないが、10兆ドル（1千兆円）ぐらいだったろう。

どこにもあるはずがない1千兆円の資金を〝打ち出の小槌《こづち》〟で作った。無《む》から有《ゆう》を作った。その錬金術《れんきんじゅつ》は、だからまさしくお札と国債の交換だ。実体経済《リアル・エコノミー》の裏付けのない紙幣をＦＲＢが発行して、それを財務省に渡した。空手形《からてがた》とニセ金《がね》の山である。財務省はその見

Ｇ２０《ジー・トウエンティ》財務省・中央銀行総裁会議で、税逃れが議論された

写真：ロイター＝共同

アメリカ・ワシントンで開かれた会議（2016年4月）で、「パナマ文書」を含めた税逃れ問題が話し合われた。この他に、秘密（非公開）の国際国税庁長官会議や、警察庁長官会議とかも開かれている。

返りとして、こちらも何の収入裏付けのない米国債（米財務証券《トレジャリー・ビル》、TB《ティービー》という）という借金証書を印刷して、この紙キレを担保《プレッジ》としてFRBに差し出した。それで2009年10月に、超法規的《ちょうほうき》措置《そち》として、銀行群を丸ごと救済した。その残高は、隠し帳簿（ヒドン・ブック hidden book）に載っている。このひずみが必ずどこかにはみ出す。

こんなことをしたら、お金《かね》の秩序《ちつじょ》が壊れる。どうやら、2017年の今、ヨーロッパで同じことが起きていて、ECB《イーシービー》（ヨーロッパ中央銀行）のマリオ・ドラギ総裁が、「ユーロ紙幣の無限の底なしの刷り散らし」を目下《もっか》やっているらしい。本当ならバタバタと潰れるはずの、イタリアやスペイン、ポルトガル、アイルランド、ギリシアなどの銀行群を救済しているようだ。だからマリオ・ドラギは恥ずかしくて、この数年、公式の場に出て来ない。記者たちから質問されたら答えられないから、逃げ回っているのだ。

アメリカも、ヨーロッパも日本も、先進国はみな同じだ。本当は大銀行たちを倒産、破産させるべきだったのだ。そして大銀行の株主と責任のある人たちに全て責任をとらせるべきだった。金融システム、信用制度ともいうが、それを守るためと称して、あのときやってはいけないことをやった。本当は法律違反の違法行為だった。その報《むく》いが、たとえばマイナス金利というおよそあり得ない奇妙な副作用になって現れている。銀行だけは、特別だ、で特別扱いをして、潰させない、という道を選んだ。

トランプ当選ショックで、日本国債の長期金利はマイナス圏から急上昇し、一時、年0.085%をつけた（2016年12月15日）

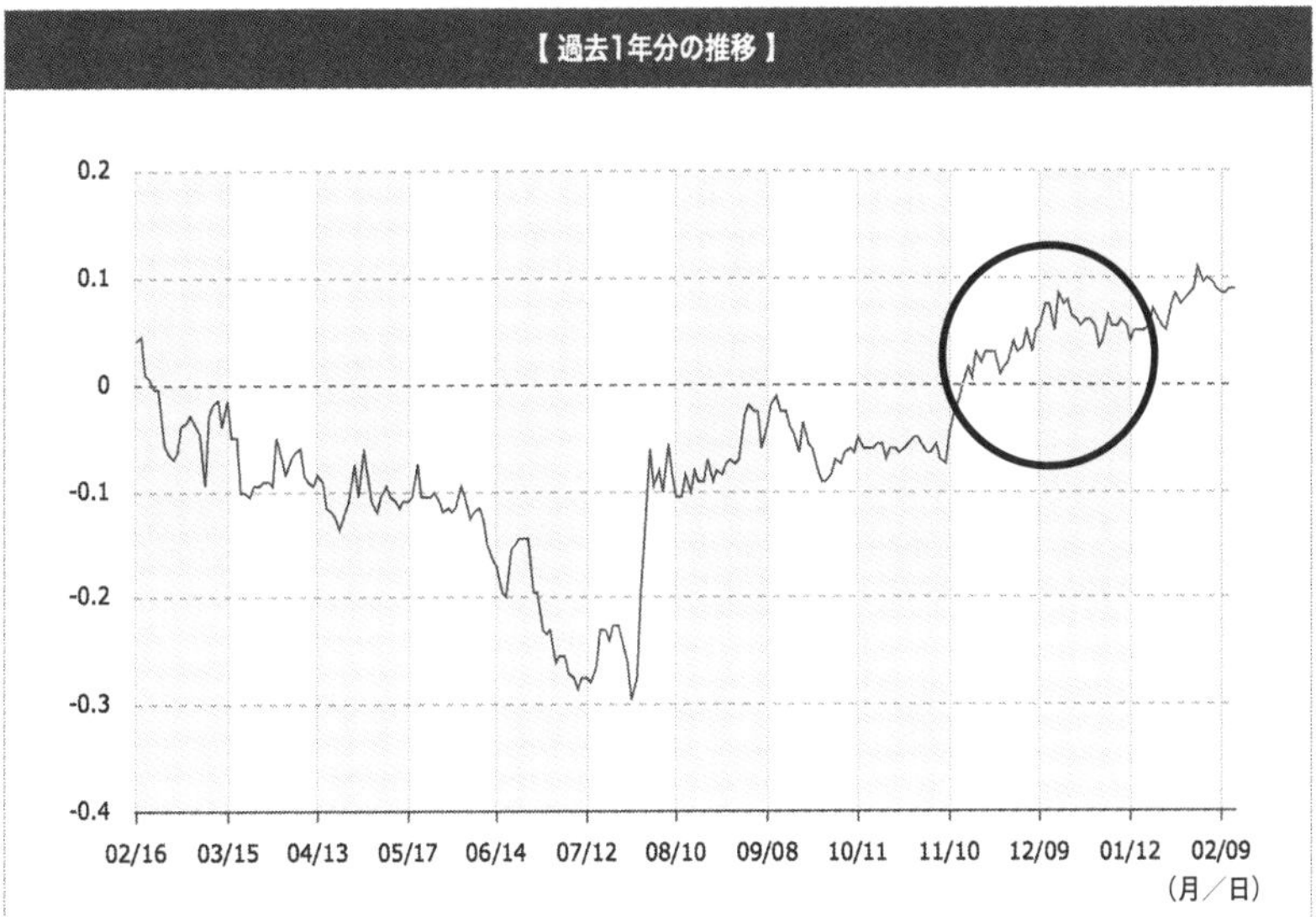

※新発10年国債（終値）

出所：日本相互証券株式会社
http://www.bb.jbts.co.jp/marketdata/marketdata01.html

黒田東彦日銀総裁の「日本焦土作戦」と「金利ゼロ%誘導」で、日本国債だけを守る（国民はどうなってもいい）作戦は、続くか、怪しくなってきた。

何度でも繰り返すが、中身、実体のない紙キレである国債を引き受けているのは、各々の中央銀行だ。日本なら日銀。アメリカならＦＲＢ（Federal《フエデラル》・Reserve《リザーブ》・Board《ボード》 連邦準備制度理事会）、ヨーロッパはＥＣＢ《イーシービー》（European Central Bank ヨーロッパ中央銀行）である。中央銀行はいざとなったら自分の決断で無限にお金を刷ってもいいのだ、という麻薬中毒を自分たちで肯定する、居直りの理屈だ。これで今も動いている。その副作用がもうすぐ出てくる。「国家の借金を中央銀行が背負ってはいけない」という法律は、今も厳然としてある。それを平然と政府が破っている。本当だったら、２００８年のリーマン・ショックの時に逮捕されるべき人々が、何千人も出るべきだったのだ。大銀行や大証券の経営者たちだ。彼らは違法な取引（金融バクチ）をやりすぎた。

日本でも「日銀法《にちぎんほう》」という法律と「財政法《ざいせいほう》」という法律で、「国家の債務（借金）を中央銀行が引き受けてはならない」と今も書いてある。ところが平然と破っている。ぐちゃぐちゃに改正して、「特別の場合ありたる場合は」とか、「特別の国会の決議があれば」と、どんどん違法引き受けができるようにしている。

一応、市場での取引のふりをする。初めは民間の銀行たちに新規発行の国債を買わせる。それを数日後に、中央銀行である日銀が市場で買い取っている。これを「いい値（段）」

で、買い取る。「いい値（段）」というのは、銀行たちが儲かるように少し色《いろ》をつけて、儲けさせる形で日銀が買い取るということ。

たとえば1千億円の国債を日銀が民間銀行から買い取るときに、おそらく500万円ぐらいを銀行につけてあげている。これがつまりは0・005％ぐらいの金利だ。1千億円に対して500万円ぐらいの利益が出る。これだけでも、銀行はものすごくありがたい。どうせ初めから日銀に買い取ってもらえると決まっているのだから、八百長《やおちょう》取り引きだ。

このお金は日銀の自分の当座預金《とうざよきん》に入る。日銀は「銀行の銀行」だから、全国の銀行や信用金庫やら金融機関は、日銀に口座を持っている。そこに貯《た》めたままにして、使わない。使途《しと》つまり貸付先《かしつけさき》がないから放っておく。すると日銀がさらにこれに付利《ふり》というのを付けてくれる。この付利でまた儲《もう》かる。これで何とか民間銀行は生き延びている。なんだかあわれな感じだ。

当座預金は金利がつかないから当座預金なのに、付利がつく。この付利はおまけ、報奨《ほうしょう》金《きん》、お手当金《てあてきん》だ。実際は金利だ。これで地方銀行がなんとかわずかの利益を出している。貸付先がないので、この付利を日銀からもらって生き延びている。地方銀行たちは日銀にたかってしがみついて生きている。日銀だって、本書で何度も何度も繰り返したとおり、嘘《うそ》八百の錬金術《アルケミストリー》で作ったニセ金《ガネ》で生きている。アメリカもヨーロッパもそうだ。だから先《さき》はそんなにないのだ。財政崩壊、国家破綻は必ずやってくる。「汝《なんじ》の時は、数えられたり」である。

地方銀行がいちばん怖いのは、大口《おおぐち》預金者即ち預金1億円とかの金持ちが、急に「全額を下ろします」と、銀行預金の引き下ろしに来るときだ。大口のお客がどんどん何千人も引き下ろしたら、すぐに資金繰りができなくなる。そうすると銀行倒産だ。

地銀《ちぎん》で取り付け騒ぎ（バンク・ラニング bank running）が起きて、「○○銀行が破綻する」と言って、噂《うわさ》が広がってみんなが銀行の前に列を作って騒いだら、緊急で現金で1兆円とかを積み込んだ10トントラックが、何台かで、ドドーッと駆け付けるだろう。倒産しかけて取り付け騒ぎが起こった銀行に、日銀のトラックが駆け付ける。そういう日のために、備えるべきだ。政府と日銀はあなたの預金はどれだけでも、下ろしたい額だけ全て下ろせます、という体制を、すでに作っている。

おそらく北関東の特別な山の洞穴の中に、ドイツ製の超高速の高性能の印刷機が動いて、お札の印刷をしているらしい。その洞穴は幹線道路につながっていて、ドドドッと現金輸送車で運ばれる。1台で2千億円を積んだトラックが5台行けば、1兆円だ。取り付け騒ぎが起こったら、1回あたりそれぐらいを出さなくては間に合わなくなる。

緩和のしわ寄せが金持ちへ行く

お札を刷りさえすれば景気を回復させることが出来る、という経済学理論を作ったワルがいた。不景気（デフレ経済）から脱出するには、とにかくお札（紙幣）を刷ればよい。お金（お札）が足りないから、景気が悪いんだ、と考えた。この男はノーベル経済学賞（1976年）ももらった。ミルトン・フリードマン（Milton Friedman　1912〜2006）という。こんなバカみたいな理論が、真顔で本気で通用したのである。今の今でも、そうなのだ。アメリカでもヨーロッパでも、そして日本でも。このミルトン・フリードマンというシカゴ大学教授の「お札を刷りさえすれば（金融政策《マネタリー・ポリシー》で）景気は回復する」という巨大なインチキ理論で、この50年間のアメリカの、そして世界の経済学界は動いてきた。それが行き着いた果てが「インフレ目標《もくひょう》（値《ち》）政策《ポリシー》」である。「物価上昇率（＝期待インフレ率）を、2％押しあげさえすれば、景気はよくなる」と言い続けた。まさしく今の日銀黒田の政策である。

これはM・フリードマンを継《つ》いだロバート・ルーカス（1995年ノーベル経済学賞）という食わせ者が引き継いだ理論だ。これを合理《ごうり》的《てき》期《き》待《たい》（予測）形成《けいせい》（仮説）学派という。「高等数学（確率微分《かくりつびぶん》方程式）を組み入れたコンピュータを精密に使えば、経済（景気）

予測はできるし、景気は政府が管理できる」という理論だ。その日本の子分が伊藤隆俊《たかとし》コロンビア大学教授である。彼らは2008年のリーマン・ショックが起きたとき「自分たちの理論の想定外《そうていがい》の事態が起きた」と、ショックを受けて大失敗して、経済学理論として破綻した。それなのに今も威張って、この「インタゲ（インフレ目標値）」政策が大手を振って、アメリカでも日本でもまかり通っている。

お金をたくさん刷れば景気回復するというこのバカ理論のことを、アメリカ経済学ではマネタリズム monetarism という。バカ理論のくせに、ノーベル経済学賞をもらった学者たちの9割が支持している、だと。これしか他に手がないからだ。誰も他に思いつかないからだ。これを非《ひ》伝統的手法とか、非正規《ひせいき》的手法と言って威張っている。それを日本では異次元《いじげん》緩和、未知の世界への突入（浜田《はまだ》宏一《こういち》）といって、このあと黒田東彦が登場した。

彼らは「合理的《ラッショナル》に経済を予測をすることはできる。コンピュータのシミュレーションを使った確率微分方程式《かくりつびぶんほうていしき》を使えば、景気の予測までできる」だから、「政府の政策で景気（経済）を管理できる。だからインフレ目標値政策《ターゲティング》（年率2％のインフレ達成）で景気は回復する」と今も言っている。黒田東彦日銀総裁も、この一派である。アメリカのイエレンFBR議長も同じだ。

そこへアメリカで突如、方針転換が起きて、トランプ政権が出来てしまった。トランプは、このインフレ目標値理論《ターゲティング》（＝合理的選択派、ラッショナル・チェイス学派）をひっくり返して、引導《いんどう》を渡すはずである。ところがまだ、これに取って替わる、新しい大きな経済学理論は生れていない。それを考えつくだけのずば抜けた頭脳をした大思想家が出現していない。今も、ジョン・メイナード・ケインズの経済思想だけが偉大だ。トランプ政権は、素朴なケインズ経済学《エコノミクス》に戻る、と言われている。私もそれが正しいと思う。

マネタリズム＝インフレ目標値政策＝合理的予測（は出来る）派というのは、アインシュタインの相対性理論と、それの跡継《あとつ》ぎである「ビッグバン理論」というインチキ宇宙物理学と実によく似ている。何がビッグバンだ。そんなものは無い。こんなのはバカ理論だ。

重税サラリーマンも税金まみれ

サラリーマン（給与所得者）の税金もすごいものだ。資産家の息子もほとんどはサラリーマンのはずだ。大企業エリートサラリーマンと言ってみても、給料は大したことはない。40歳で年収1千万円ぐらいのものだ。私は「金持ちサラリーマン」と呼んでいるが、会社で仕事がものすごく出来る（特殊技能がある）ので、まるで企業内《ない》自営業者のような高給取りのサラリーマンでも年収2千万円ぐらいのものである。

重税サラリーマンにもこれだけの税金がのしかかっている

消費税	5%→8%(2014年~)→10%(2019年10月~?)
所得税	最高税率40%→45%(2015年~)／控除切り下げで年収1000万円超から負担増(2016年~)／天引き2.1%増(2013年~2037年の25年間。復興特別所得税・付加税として)
住民税	年間1000円上乗せ(2014年~2023年の10年間。復興税として)
相続税	最高税率50%→55%(2015年~)／基礎控除「5000万円+1000万円×法定相続人」→「3000万円+600万円×法定相続人」(2015年~)
固定資産税	増。空き家等の土地では最大4.2倍アップ(2015年度~)
贈与税	最高税率50%→55%(2015年~)
退職金減額	退職金の10%税額控除の廃止(2013年~)
年金支給減額	年金受取額0.1%下げ(2017年度)。年金額を賃金や物価の変動に合わせて改定
国民年金保険料(税)	毎年280円ずつ引き上げ(2005年~)て、月額16,900円に(2017年度以降)
厚生年金保険料(税)	保険料(税)率17.828%→18.182%(2016年9月~)→18.3%に固定(2017年9月~)
高齢者医療費	見直し中。70歳以上の自己負担上限(月額)が増。高額療養費制度の改正(2017年8月~)
診療報酬費	2年に1度改定。大病院で紹介状なしの初診時5000円負担増(2016年4月~)

介護保険料(税)	40歳~64歳の現役世代の大企業社員は、平均月700円以上の負担増(2019年4月~)／現役並みの所得高齢者は、介護保険2割→3割負担に増(2018年8月~)
児童扶養手当	1人目(月4万2330円)は据え置き。2人目(月5000円→月1万円に)、3人目以降(月3000円→月6000円)に増(2016年8月~)
石油石炭税	段階的に増額(2012年10月~)。リッター0.76円増(2016年4月~)
電気料金	大幅値上げ。月額5円~36円増(2016年12月~)
高速道路料金	大幅値上げ。割安だった第三京浜が8.9円/km、京葉道路が4.2円/km 増(2016年4月~)
自動車税	所有13年超の低年式車の割増が10%→15%(2015年4月~)
軽自動車税	1.5倍増で1万800円に(2015年4月~)
タバコ税	増税検討中。1箱当たり約60円増(2019年10月~?)
株譲渡税	10.147%→20.315%(2014年~)
年金支給	開始年齢の引き上げを検討中。65歳→75歳に?
配偶者控除	「妻ももっと働け」に変更。減税になる年収要件を「103万円以下」から「150万円以下」に引き上げ、「150万円~201万円」までは控除を受けられる(2018年1月~)
法人税	実効税率を段階的にやや引き下げ。23.9%→23.4%(2016年度)→23.2%(2018年度)。その分、株式譲渡益課税(株の配当や売却にかかる税率)の引き上げを検討中
同一労働同一賃金	実質、賃金低下。低きに流れる

東日本大震災の「復興特別税」として、「所得税」は2.1%上乗せ(2013年から25年間)されている。「住民税」は年間1000円引き上げ(2014年度から10年間天引き)。「法人税」は税額10%を追加徴収した。2012年4月からの3年間だけは、減税をいったん実施した。

彼らの年収の半分近くは税金だ。所得税（国の税）だけで、1千万円のうち1割の100万円（月に8万円）ぐらいだ。ところが、給与がガラス張りで丸見えがサラリーマンだから、240ページの表にあるごとく、こんなにも多くの項目の税金及び、実質税金（年金、保険料とか）が強制徴収で天引きされている。

資産10億円の子供たちは、実はサラリーマンである。**親が死なない限りただのサラリーマンである。**不動産と金融資産を親から相続して初めて次の資産家である。この息子、娘のサラリーマン生活は、相当に厳しい。年収1千万円で月の手取りは38万円だ。たったの38万円では親子3人（4人）が豊かに暮らすことなど、絶対に出来ない。親からもらった現金の支援金がないと、子供の「学習塾」や習いごとの支払いさえ出来ない。金持ちの息子、娘は本当に親にたかってようやく生きている。この真実を誰も書かない。親は年収5千万円（資産10億円）だから、息子、娘に毎月30万円ぐらいの生活支援をしている。これがないと、息子はちょっと高級そうな車にさえ乗れない。

私は、自分が40年前に大学を出て銀行員になったときの記憶で、はっきり知っている。大企業オーナー一族の、ボンボン息子の御曹司《おんぞうし》のような特別な家庭出身のサラリーマン（給料は皆と同じ）たちがいた。本当にいた。彼らは、必ず東京の同じ金持ち階級の女と結婚する。田舎者（地方出身者）とは結婚しない。そうしないと両方の親にたからないと、自分の給料では、洋服も買えない。旅行も行けない。これが世の中の真実だ。誰もが書かないから、怒りをこめて私が書く。

この小金《こ》持ち（小資産家《しょう》）たちは、上手に現金を隠して逃がしておかないと、息子や娘たちが相続税でがっぽりやられる。親の財産をあてにしている重税サラリーマンたちでさえ、かなりの不安を覚えながら日々暮らしている。私の講演会にも、不安そうな顔をして話を聞きに来る30代夫婦がいる。「ここにいる若い皆さんは、親の財産を狙っているでしょう。そして賢い。だから私の話を聞きに来ているんでしょ」と私が言うと、彼らは図星だ、と破顔一笑《はがんいっしょう》する。いまどき最低5千万円の現金も税務署に捕捉《ほそく》されないようにしっかり隠し持っていないような人間は金持ちとは言えない。本当だ。隠して逃がす金もないような人間は、貧乏人（一般ピープル）だ。

税務署員は、私に、「国内にあるお金なら（500万円以上の金なら）、私たちは全て把握しています。調べれば分かります」と、柔らかく自信たっぷりに言った。軽く脅しているのである。さあ、どうかな。税務調査を受けて、狸と狐《きつね》の化《ば》かし合い、トボケ合いが出来ないような人たちは元々、資産家とは言えない。

中国やインドのように、元《もと》貧乏の成長国（新興国）はいい。これからまだどんどん下から這《は》い上がる力がある。まさしく今が高度経済成長の最中《さなか》だ。物や技術は先進国からタダで降って来る。それらをタダで貰って、原発と新幹線をタダで、政府間《かん》の話し合いで作ってもらえばいい。自動車と電気製品がどんどん買えて楽しくて仕方ない。ところが私たちの日本はどうだ。成長済みの貧乏国家になってしまって、GNPが、この20年間ずっと変わらず4・8兆円しかない。日本は、これからもっとひどくなるばかりだ。

日本はこの20年間、全く成長がない。この大きな真実に気づいている真に優れた（頭のいい）人は、この国に何百人いるだろうか。ほとんどの人間は、「私は頭がいい」と密《ひそ》かに自惚《うぬぼ》れているだけの低能たちだ。私、副島隆彦の本を読んで、大きな真実を知っている者たちだけが、この国で真の知恵者《ちえもの》、真の情報強者（情強《じょうきょう》）だ。情弱《じょうじゃく》ではない。ちがうか。

飲み食い経費も税務署は見ている

前述の続きだが国税庁の企業いじめもひどい。交際費（飲み食い代）は「1人当たり5千円まで」の基準がある。ここに、「5千円以下の会議費（経費と認める）」という枠がある。1人当たり5千円以上かかったか、かかってないかで、企業にかかる税金額が変わる。

私は物書き（言論人）であるから、出版社の編集長たち（みんな貧乏）にたかってこの「会議費5千円」で、経費で飲み食いさせてもらっている。なんだかみっともない現実

（真実）だなあ、と思う。私クラスの物書き（60歳代でもう一流に入る）で、1回3万円のバーや料亭の接待《せったい》が全くない。それぐらい、今の日本は貧乏たれているのだ。恐ろしいほどの赤貧洗うがごとしになってきた。どうして、こういう真実を誰も書かないんだ。もうオレしか居ないじゃないか。こんな本（この本のこと）を、こんなおしまいの方までキチンと読んでくれる、今どき奇特《きとく》な人と言うべき、私の熱心な読者に向かって、私はブックサ、本当のことを書く。私の目の前に現れる「先生の読者です。先生の本は、全て読んでいます」と言うバカが時々いる。ウソ言え。このバカ。もうこれぐらいにしよう。

たとえば社内規定で、交際費、何か、イヤーな言葉だな。薄汚れた最低の言葉だ。税務署がこうしてしまったのだ。だから会議費（経費になる）は、1人当たり5千円まで、となっている。ところが、1人当たり6千円かかったとする。そこで本当は2人だったけど、もう1人いたということにすれば、計1万2千円が1人当たり4千円になる。社内の申請書にも、今日の飲食は2人だと、1人当たり6千円になるから、1人足しておけば4千円で済む。これで「5千円枠」にきれいに収《おさ》まる。いいじゃないの、ということで、貧乏サラリーマンたちが、人数を足して経費として会社に申請している。ところが、だ。何と、これが「税務上の仮装《かそう》行為」（違法）となるというのだ。バカじゃなかろうか、このケチンボやろうども。国税庁。お前たちは、本当に貧乏たれのクソ野郎だ。岡《おか》っ引《ぴ》き（○○○

◯の正統の嫡子）の後継者だ。

これを日々やっているサラリーマンは、「5千円基準は社内ルールだ」と思っている。本当は、1人当たり5千円以上になると、必要経費と認められなくなるから、会議費（経費になる）と、交際費（経費にならない）となって会社に税金がかかる。こんなことも知らずに、安易に人数の水増しをする。100％課税される。それでバレる。税務署員（法人課税課）が薄汚く、ニタニタネチネチとこれを調査する。

何と。税務署員が全部いちいち領収書に記載のあるお店に行って、実際にこの人数がいましたか、ということを調べる。本当に調べる。お店に行って調べる。

具体的には、まず店の名前をひかえていく。ひかえて「食べログ」なんかのネットでちょろちょろっと調べる。あそこには「1人頭の予算」まで書いてある。「予算1人当たり1万〜1万5千円」とか書いてある。それを見て、この店で1人5千円では済まないだろう、と目星をつける。税務署が会社の経理部で調べても、紙の領収書が1枚ついているだけだから詳細がわからない。それで、今は「領収書の貼り付け集」に申請書までつけさせている。彼らは店にレシートの片割れ《かたわ》（複写）を見に行く。店に行って「この日の総額、この領収証の明細書を見せろ」と店に言う。明細書には大概、POS《ポス》システムのレジなので、人数が書いてある。そうすると、そこに書いてあるPOSレジの人数と、領収書にある申請者の人数が合致しない。ここで仮装行為の証拠がつかめた、となる。

一人5千円以下なら、損金算入《そんきん》で経費に認める。それを超えると経費に認めない、ということになるので、この分から税金がとれる。それは以前は、「税務調査で、どっちも引かないで争いになっている会社」をグチャグチャと痛めつけるときのやり方だった。ところが、この江戸時代の岡っ引き並みのことを、最近は普通にやるようになった。「私は個人課税課（金持ち襲撃隊）ではなくて、税務署内ではエリートの法人課税課だ。理論で攻める」と自惚《うぬぼ》れている連中が、やっていることだ。ここまで現実はあきれかえるほどにみっともなくなっている。誰かが書いて公表しないと。

税金官僚とは、泥臭い闘いをするしかない

私はP94で前述した「関係ねえ」という言葉のすごさが、わかっている人間だ。金持ちに「隠せ、逃がせ」と言うだけじゃなくて、サラリーマンにも「逃げまくれ、居直れ」と言う。たとえば、さる飲食店チェーンのオヤジ社長が私の闘いに学んで、税務調査が入った時に実際にやったことがある。税務署員に「ここを開けてください」と言われた場所を、オヤジ社長と経理部の女性社員が、仕方がないから税務署員に開けさせた。そうして開け

てみたら、そこに女性社員の下着が入っていた。

そこでオヤジ社長は、騒ぎだした。「あんた、我が社の女性社員の下着を見たな。下着を見たな」とワーワー言いだした。「女の子の下着とか、化粧品が入っているところをのぞき見した。おまえらは痴漢だ」と社長はわめいた。そうしたら、税務署側は「もういいですよ、いいですよ」とか言って引いたそうだ。これは本当にいい話だ。素晴らしい闘い方だ。そう思いませんか。関西のなんば花月《かげつ》（吉本興業）の真にドロ臭いお笑い劇場だ。

本当の、実際の現場は、こういうくだらないことをやっているのだ。でもあまりにもえげつないから、税理士たちは知っていても言いたくない。でも、私はそういう話をいっぱい知っている。死ぬほど知っている。こういう社長たちのような、とんでもないのがいて、本当に自分の体で生き延びている。私はこういう本気で生きている経営者たちが大好きだ。

これが金持ちや経営者が自分を守るための知恵だ。税務署員に対して、セクハラの話とか、そういうのがあることを、みんな知っている。国税庁の中にも共産党員や創価学会員が潜り込んでいる。正社員でいる。だからなんでもかんでも、国税庁の勝手にはできないのだ。私が言っていることの意味が分かりますか？　分かる人だけ分かりなさい。ワルの税務署員たちがそう来るなら、このぐらい腹を据えて闘えと私は言う。

「サラリーマンは税金をとられすぎ」と訴えた偉い大学教授がいた

写真：朝日新聞社

大島訴訟（サラリーマン税金訴訟）とは、1966年当時、同志社大学に勤めていた大島 正《おおしまただし》教授が、「給与所得者は過重な税負担を課せられている」としておこした訴訟。大島教授は最高裁に上告中に病死。裁判は負けた。

重税と闘った人たち

サラリーマンにとって「大島サラリーマン訴訟」は重要だ。

1966年（昭和41年）8月、当時、同志社大学の教授だった大島正氏《おおしまただし》が、京都地裁に裁判を起こした。大島教授は、「事業所得者と比べ、給与所得者の課税規定は不利であり、日本国憲法第14条第1項の法の下の平等に反する」として、確定申告をしなかった。そのために課せられた課税処分の取消を求めて争った裁判であった。

当時の日本は、高度成長期で、サラリーマンの給与が右肩上がりに増えていた。そして毎年のように給与所得控除《こうじょ》額は改正されていた。「クロヨン」「トーゴーサン」などという言葉が流行り、収入を完全に捕捉されているサラリーマンの税金に対する不公平感がたまっていた。「クロヨン」とは、「給与所得者、事業所得者、農業所得者」の3つの業種間で、実質の税負担「9割、6割、4割」になっていることを指した。のちに国税庁は「クロヨンだからもっと税金を取れるところから取りましょう」というキャンペーンを張った。しかし、「アレ、これだと何だかヘンだなあ。オレたちの失策じゃないか」と気づいてやめてしまった。

大島正教授は、1974年（昭和49年）京都地裁、1979年（昭和54年）大阪地裁、

1985年（昭和60年）最高裁と争った。裁判としては負けた。だが、この判決がもととなって、サラリーマン（給与所得者）の特定支出（経費控除を認める）の規定が創設された。この裁判については、大島正氏と娘である大島真理さんの共著『我、敗れたり、されど　大島正20年の軌跡』（大島正、大島真理著、中教出版、1985年刊）に書かれている。大島正氏は、1984年（昭和59年）3月3日、最高裁判決が出る1年ほど前に、病気で亡くなった。

税金官僚は「法の下の平等」を逆手にとる

税金官僚たちが、税金を取り立てる時に、「国民みな平等。だから平等の取扱い」とか「福祉のための国家」などと言う。みんな平等と言うから、かえっておかしくなる。超大企業だろうが、金持ちだろうが、重税サラリーマンだろうが、税金官僚の前には平等に並ばされているのだ。

税金官僚たちは「平等、平等」ということを逆手にとってくる。難しくは、「税金による所得の再《さい》分配機能」という。「金持ちからたくさん税金を取って、私たちがそれを貧しい人たちに回します。これが平等社会です。私たち国税庁は正義の味方です」と言う。ホントかよ。お前たちが正義の味方なわけがないだろ。税金官僚たちは実際に、ひどいことばかりしている。本当は、自分たち公務員の食い扶持《くちぶち》が必要だから税金を取り立てているのだ。国家予算99兆円（2017年度）の半分の50兆円は、国家公務員100万人の給料だ。この他に350万人の地方公務員がいる。

国の財政《ファイナンス》（国の帳簿）は真っ赤っかで税収が火の車だ。だから何でもかんでも、どこからでも税金を取る。特に今は金持ちが狙われている。税金官僚たちのコンプライアンス、コンプライアンス（法律を守れ）のやり方に、素直に従うだけではいけない。これからは、金持ちも「逃がせ、隠せ」だ。その息子、娘たちは、「税金官僚から逃げまくれ、闘え、居直れ」が大きな標語となる。「私は裁判をします。争います」と言うと、向こうは、本当にひるむ。本当だ。闘わない者に真の自由はない。

最後に。税金テロリズムのテロリズムとは、フランス革命期のジャコバン派（ロベスピエール）の恐怖政治（1793〜1794）が始まりだ。ルイ16世とマリー・アントワネットを処刑した。しかしテロリズムは反体制の過激派がとる暴力行為のことだけではない。権力者側だってやるのだ。

あとがき

この本の書名、『税金恐怖政治《タックス・テロリズム》が資産家層を追い詰める』の、元になった tax terrorism「タックス・テロリズム」という言葉は本当にある。欧米の先進諸国にある。私の勝手な造語《ぞうご》ではない。

なぜ、税金を取る税務署員《タックスマン》たちが、テロリストなのか、と不思議に思うだろう。だが本当にそうなのだ。ここまでヒドい税金取り立てをすると、国民が怒りだす。徴税《ちょうぜい》テロが起きているのだ。

アメリカで、1980年の選挙で、ロナルド・レーガンがなぜ大統領になったのか。それは、アメリカの共和党《リパブリカン》を支える金持ちや経営者たちの間に、税務署に対する大きな怨嗟《えんさ》の声が上がっていたからだ。P13に載せたIRS（米国税庁）に飛行機で突っ込んだ経営者がいるとおりだ。

「レーガンよー。お願いだから、あのIRS《アイアールエス》（内国歳入庁《ないこくさいにゅうちょう》。日本でいう国税庁）の職員たちを何とかしてくれ。あいつらのやることはあんまりだ。金持ちの家に襲いかかって、税金逃れをした、と言って、暴力を振るって、私たち金持ちに辱めを加える。なんとかしてくれー」

という呻《うめ》き声がアメリカで起きていたのだ。資産家の家に税務署員が急襲《スクワッド》して、逆らったと言って撃ち殺された人たちが本当にたくさんいる。レーガンはその時、カリフォルニア州の州知事をして、同州で起きていた「税金の取り立てがひどい」という反税《アンタイ・タックス》金裁判の原告たちを支援した。IRSの職員たちは、税の取り立て競争で、報奨金を20万ドル（2千万円）とか貰って、キューバのハバナで優雅にバカンスを楽しむ者たちまでいた。だからアメリカ国民の怒りに圧《お》されて、レーガンが当選したのだ。今も同じだ。

今度のトランプ当選も全く同じ感じで、「トランプはレーガンの再来」と言われている。トランプの選挙対策本部の主要なメンバーは、80年代のレーガン主義者である。超エリート大学（東部のアイビー・リーガーズ、名門8大学）を出ている者はひとりもいない。

トランプに対して米国民が「あの、ワシントンで威張り腐っている官僚とロビイスト（政治利権屋）たちを、トランプよ、叩《たた》きのめしてくれー」と、動いたのである。こういう世界で流通している大きな真実を、日本国民に隠しているから、私がたくさんの本を書いてきた。

幻冬舎の相馬裕子氏にひとかたならぬ苦労をおかけして、ようやくのことで本書は成った。記して感謝します。私にとっての厳しい苦しい2年間であった。

日本では私が唯《ただ》ひとり、「トランプが当選する」と予言《プレディクト》の本を書いて出版して、そして事実となった。私には何の名誉も与えられなかった。ただ、多くの国民の間に、ザワザワと噂が立って広がった。これだけでも有り難いと思わなければいけないのだろう。

私の、真実の暴《あば》きの言論の苦闘の人生は、このあとも続く。分かってくださる人たちの無言の支援が私を支えている。

2017年1月　　副島隆彦

副島隆彦（そえじま・たかひこ）
評論家。副島国家戦略研究所（SNSI）主宰。1953年、福岡県生まれ。早稲田大学法学部卒業。外資系銀行員、予備校講師、常葉学園大学教授等を歴任。政治思想、金融・経済、歴史、社会時事評論などさまざまな分野で真実を暴く。「日本　属国論」とアメリカ政治研究を柱に、日本が採るべき自立の国家戦略を提起、精力的に執筆・講演活動を続けている。主な著書に、『属国・日本論』（五月書房）、『世界覇権国アメリカを動かす政治家と知識人たち』（講談社+α文庫）、『ヒラリーを逮捕、投獄せよ Lock Her Up!』（光文社）、『トランプ大統領とアメリカの真実』（日本文芸社）、『ユーロ恐慌　欧州壊滅と日本』（祥伝社）、『税金官僚から 逃がせ隠せ個人資産』（幻冬舎）などがある。
●著者問い合わせ先　GZE03120@nifty.com（副島隆彦メールアドレス）

税金恐怖政治《タックス・テロリズム》が
資産家層を追い詰める
2017年3月10日　第1刷発行

著　者　副島隆彦
発行人　見城 徹

発行所　株式会社 幻冬舎
〒151-0051　東京都渋谷区千駄ヶ谷4-9-7

電話　03(5411)6211(編集)
03(5411)6222(営業)
振替　00120-8-767643
印刷・製本所：中央精版印刷株式会社

検印廃止

ISBN978-4-344-03079-4　C0095
幻冬舎ホームページアドレス　http://www.gentosha.co.jp/

この本に関するご意見・ご感想をメールでお寄せいただく場合は、comment@gentosha.co.jpまで。